版权声明

Day to Day the Relationship Way: Creating Responsive Programs for Infants and Toddlers.
Copyright © 2020 by the National Association for the Education of Young Children.
All rights reserved.

保留所有权利。非经中国轻工业出版社"万千教育"书面授权,任何人不得以任何方式(包括但不限于电子、机械、手工或其他尚未被发明或应用的技术手段)复印、拍照、扫描、录音、朗读、存储、发表本书中任何部分或本书全部内容,以及其他附带的所有资料(包括但不限于光盘、音频、视频等)。中国轻工业出版社"万千教育"未授权任何机构提供源自本书内容的电子文件阅览、收听或下载服务。如有此类非法行为,查实必究。

Day to Day the Relationship Way
Creating Responsive Programs for Infants and Toddlers

日日更新的师幼互动

0—3岁婴幼儿回应性课程

[美] 唐纳·S.威特莫（Donna S. Wittmer）
爱丽丝·斯特林·霍尼格（Alice Sterling Honig） / 著

周念丽 等 / 译

中国轻工业出版社

图书在版编目（CIP）数据

日日更新的师幼互动：0—3岁婴幼儿回应性课程／（美）唐纳·S.威特莫（Donna S. Wittmer），（美）爱丽丝·斯特林·霍尼格（Alice Sterling Honig）著；周念丽等译.—北京：中国轻工业出版社，2024.1

ISBN 978-7-5184-4543-1

Ⅰ.①日… Ⅱ.①唐… ②爱… ③周… Ⅲ.①早期教育-课程-研究 Ⅳ.①G610

中国国家版本馆CIP数据核字（2023）第194147号

责任编辑：牟 聪　　 责任终审：张乃柬
策划编辑：吴 红　　 责任校对：刘志颖　　 责任监印：吴维斌

出版发行：中国轻工业出版社（北京鲁谷东街5号，邮编：100040）
印　　刷：三河市双升印务有限公司
经　　销：各地新华书店
版　　次：2024年1月第1版第1次印刷
开　　本：710×1000　1/16　印张：13.75
字　　数：110千字
书　　号：ISBN 978-7-5184-4543-1　　定价：68.00元
读者热线：010-65181109
发行电话：010-85119832　010-85119912
网　　址：http://www.chlip.com.cn　http://www.wqedu.com
电子信箱：1012305542@qq.com
如发现图书残缺请拨打读者热线联系调换
231041Y1X101ZYW

译者序

婴儿从出生伊始,其心理发展就会得到成人的热切关注,因为这是其人生发展基础之所在。0—3岁婴幼儿在由人际互动构成的关系网或家庭、托育机构中,通过自由探索活动,能够与周边世界产生密切关联。与此同时,成人对待他们的方式会直接影响他们在感知觉、言语、动作、认知、情绪和社会性等方面的发展。

当代的脑科学研究进一步揭示了人际互动对0—3岁婴幼儿心理发展的重要作用。成人与婴幼儿的有效互动既为婴幼儿探索客观世界提供了支持,又为推动其适应社会起到了不可或缺的作用。

0—3岁婴幼儿的早期发展非常重要,然而在现实生活中,针对0—3岁婴幼儿的回应性照护的专门讨论却寥若晨星。很多婴幼儿教师不知如何有效地与这些儿童进行良性互动。提高早期教育工作者对0—3岁婴幼儿的心理发展的关注度,构建温暖的方案,以此促进0—3岁婴幼儿的全面发展应是迫切之举。

本书正是一本有助于托育机构或托幼一体化机构的教师,掌握与0—3岁婴幼儿进行人际互动的全新理念、准确解读0—3岁婴幼儿心理发展的实际方法、精准建构托育机构回应性课程的具体路径之书。

首先,本书阐述了重要的关键理念。一是本书明确了婴幼儿教师应扮演的角色。这是一个集教育者、照护者、儿童发展专家、学习促进者、课程设计者、关系缔造者(涉及儿童和家长)于一身的角色。二是本书阐明了为0—3岁婴幼儿建构基于关系的回应性课程的重点。回应性课程强调教师应与0—3岁婴幼儿及其家长建立稳定、尊重、密切的关系,由此建立的信任纽带能最大程度地满足0—3岁婴幼儿的发展需求。

其次，本书全面陈述了建构回应性课程的依据和关注点。本书为婴幼儿教育工作者而撰写，秉持基于关系的核心理念，分别从"在亲密关系中满足婴幼儿需求""0—3岁婴幼儿如何发展与学习""建构基于关系的回应性课程"以及"你作为专业人士"四个部分，对建构回应性课程进行了详尽的解释。

再次，本书引入了大量生动的趣闻逸事。鲜活生动的案例往往最能吸引读者，令人阅后过目难忘。本书作者在每章中都使用了很多生动有趣的案例来说明理论。书中的案例均来源于0—3岁婴幼儿的真实经历，令人感觉很真实，很亲切。

最后，本书具有很强的"轻阅读"特征。所谓的"轻阅读"是指读者能轻松愉悦地阅读的状态。本书英文版原著刊载了许多生动有趣的照片，但由于涉及第三方版权，本书无法直接使用。本译著中图片的使用权均由中国轻工业出版社从壹图网上购买。这些图片能对书本内容有很好的解释和说明，所以读者很容易获得轻阅读之感。

感谢中国轻工业出版社"万千教育"编辑部吴红老师的信任，将翻译此书的重任委托给我们团队。

感谢昔日的研究生，在工作之余不惮艰辛、竭尽全力地完成译稿。他们分别是新加坡莱佛士之家幼儿园（Raffles House Preschool）的姬妤（翻译原著序和第一、二章）、上海市徐汇区乌鲁木齐南路幼儿园的万俊（翻译第三、四章和第七章的部分内容）、上海市新陆职业学校的王杉（翻译第五、六章及第七章的部分内容）、新疆师范高等专科学校的马婷（翻译第八、九章）、上海倍乐生商贸（中国）有限公司的程颖（翻译第十、十一章）、上海市浦东新区尚东之星幼儿园的张文文（翻译第十二、十三章），以及江苏省昆山市爱佳康复医疗中心的乔环环（翻译第十四章及附录）。

作为全书译文的统稿人和审校者,我在认真仔细地研读原文的基础上,对全部译文进行了字斟句酌的校译,过程虽然十分艰辛,但对我来说颇有裨益。

　　在此,深深感谢我的女儿在相依为命的陪伴中,激励我在校译之路上蹒跚行进。

周念丽

2023年8月2日于昆明

原著序

一个宝宝的甜美笑容会让你的心融化。当你观察牙牙学语的婴儿（从出生到1岁）成长到蹒跚走路的学步儿（1—2岁），乃至成为大一点的学步儿（2—3岁）时，你会惊叹于他们成长变化的迅速和学习能力的迸发。你还会惊叹于他们不可思议的好奇心，因为他们能及时发现可能被你忽略的一朵小花、一个甲虫或是溅落在人行道上的水滴。

0—3岁婴幼儿的教师扮演着许多角色，包括教育者、照护者、儿童发展专家、学习促进者、课程设计者和关系缔造者（涉及儿童和家长），其中最重要的职责是帮助婴幼儿建立健康的自我意识

> **谁是婴幼儿教师？**
>
> 在此指的是面向0—3岁婴幼儿及其家长，在家庭、托育中心、儿童之家等机构中工作的教师。

并感受到来自成人和同伴的关爱。教师需要将婴幼儿视为独立的个体，保护、珍惜和鼓励他们，协助他们学习，去开启自己精彩人生的第一幕。

为0—3岁婴幼儿建构基于关系的回应性课程

对于婴幼儿的发展和学习而言，为其建构基于关系的回应性课程，强调成人与儿童、教师与家长以及儿童同伴之间建立稳定、尊重和密切的关系（Degotardi, Page, & White, 2017; Lally & Mangione, 2017）。回应性课程关注儿童的幸福感，以此促进他们与你和其他成人以及同伴形

成和谐的氛围，并让儿童在你的身边有安全感。

回应性课程强调发展你与儿童及其家庭的信任纽带，以此指导你如何满足儿童的需求、组织你的课程。为0—3岁婴幼儿教育工作者撰写的本书，秉持基于关系的核心理念，包括下述10个要点，它们将引导教师对婴幼儿及其需求产生思考。

早期关爱和学习体验很重要

自出生之日起，婴幼儿就已经具备学习能力并急于学习。当婴幼儿感到安全和被爱时，他们更倾向于和他人建立温暖的关系，并渴望获取更强的学习体验（Birmingham, Bub, & Vaughan, 2017；Boldt et al., 2014；Ebbeck, Warrier, & Goh et al., 2014）。他们需要一个有丰富的学习机会的课程，该课程是适应个体发展、年龄阶段、性格特质以及家庭文化的。

这些早期体验有助于儿童健康大脑的发展。如果说基因在构造大脑的生理基础上扮演了重要角色，那么胎教和最初几年的学习体验则是让大脑发育成型的钥匙（Center on the Developing Child, n.d. a；Zero to Three, n.d.）。婴幼儿在有重要成人陪伴时学习效果最好，这名重要成人能够回应婴幼儿的需求，给予他们安慰和欢笑，跟他们一起聊天、唱歌，为他们创造无穷的学习机会。

不能忽视的是，婴幼儿的大脑发育是脆弱的。负面经验（如焦虑、压力、创伤、忽视、虐待等）都不利于儿童大脑的发育，甚至影响其将来的健康（Bick et al., 2015；CDC, 2020）。有例子证明，5岁前经历过虐待和被忽视的儿童在未来的社交和学业中都将面临更多的困难和挑战（Raby et al., 2018；Rokita, Dauvermann, & Donohoe, 2018）。

婴幼儿需要爱和稳定的关系

只有感受到自己被重视、尊重和珍惜,婴幼儿才能和家长、教师、同伴建立令人满意和充实的情感联结。这些积极的联结能够为婴幼儿未来的人际关系、学习动机提供基础(Degotardi, 2017; Degotardi, Page, & White, 2017; Ebbeck et al., 2015; Owen et al., 2008; Sosinsky et al., 2016)。

0—3岁婴幼儿在家长、教师、同伴构成的关系网中成长,关系网中的所有参与者(包括婴幼儿)都会在互动中影响彼此(Bronfenbrenner, 2005)。如果你重视儿童的关系网,意识到关系网中的所有参与者开展协作的重要性,那么儿童会因你的重视而获益匪浅。

充满关爱的回应型教师有助于婴幼儿蓬勃发展

教师温暖的回应包括:读懂婴幼儿的言语和非言语提示,理解他们需要什么、喜欢什么,能够敏感觉察并满足他们在身体、情感、学习上的需要(Mesman, Minter, & Angnged, 2016; Mortensen & Barnett, 2015)。

积极回应儿童带来的结果是双赢——你积极投身于儿童之中,鼓励0—3岁婴幼儿成为互动中活跃的参与者,他们的好奇心、探索欲为你提供了试验机会和学习动力。你通过提供经验给儿童创造学习的条件,然后用语言、鼓励、共情或者默默陪伴来做出回应。对儿童的有效解读、及时回应能让一个个问题迎刃而解,唤起儿童极大的情感满足,促进他们学习。儿童也会让你体会到"日常时刻丰富而美好"(Mitchelmore, Degotardi, & Fleet, 2017, p. 87)。和儿童在一起的每一次经历,哪怕是和年龄稍大的宝宝喋喋不休地交谈,都可以填补他们内心深处对高质量互动的需要。

婴幼儿作为有情感、有思想和有权利的人应得到尊重

联合国的《儿童权利公约》(Convention on the Rights of the Child, CRC)强调了儿童所拥有的权利：每个儿童都有权生存，充分发展，预防受到任何有害影响、虐待和摧残，充分参与家庭生活、文化活动和社会活动。公约确立以上四个核心原则，旨在保证"不歧视，致力于维护儿童的最大利益、生命权和发展权，尊重儿童的观点"(CRC，n.d.)。在和儿童相处的每一天中，只有把儿童视作有自我感受、愿望和需求且值得你用心对待的独立的人并支持他们学习，你才能真正地履行公约的要义。

婴幼儿是积极的、有能力的学习者

婴幼儿就像海绵一样，无时无刻不从所闻、所见、所做中吸取"养料"。举个例子来说，2岁的迪亚戈正在专注地研究一辆玩具车，他把玩具车翻来倒去，一会儿让它在地上跑，一会儿把它拿在手里晃一晃，先是轻轻地操作，然后明显加大动作的幅度，甚至要舔一舔，哗啦啦地转动轮子，最后把它扔掉。在这样或类似的探索中，迪亚戈在用自己的方式弄明白重力、物体空间、因果关系，他也知道了有些东西并不好吃。当教师像"旁白"一样向迪亚戈描述"你把小汽车转了个底朝上""你在转动轮子"时，他也学习到了一些新的语句。

在诸如此类的经验型学习中，0—3岁婴幼儿逐渐发展出"模式"的概念，对人和物有初步的理解(Piaget, 1968)。他们慢慢清楚材料、玩具、配件是怎么运转的。作为观察者和回应者，你可以在婴幼儿探索时提供学习的机会，帮助他们更好地理解周围的世界。

社会性和情绪发展对学习至关重要

在生命最初的三年里，正向的社会性和情绪体验有助于婴幼儿的大脑发育。相反，负面经验（如恐惧、压力、焦虑、被忽视）会阻碍大脑发育（NSCDC，2010，2014）。0—3岁婴幼儿逐渐发展的情绪管理能力、情绪理解能力、社交主导能力会影响他们当下和长远的认知、语言、动作发展（Hymel & Ford，2014）。

回应型教师认可每个婴幼儿的独特性

教育是发现每名婴幼儿的独特性的过程，教师应一步步抓住儿童的兴奋点、情绪和需求，理解他们因何喜笑颜开，又因何忐忑不安。回应型教师能够根据儿童的年龄、个性特点和文化背景，提供具有发展适宜性的学习经验（NAEYC[①]，2018）。要想做到这一点，教师需要仔细观察每一名婴幼儿，点燃其学习、爱和需求的星星之火。

婴幼儿在家庭和社区中生活和学习

社区和公共政策会影响家庭生活的质量（Bronfenbrenner，2005），当然也会影响婴幼儿生活的质量。为了促进0—3岁婴幼儿的发展，你必须考虑影响他们生活的各种因素。因此，制定对家庭友好的支持性政策和法律，建设针对0—3岁婴幼儿的高质量课程都非常重要。

在社会背景中发生的爱和学习

儿童的经验会影响他们的发展、行为和思考（Vygotsky，1978）。家庭文化、价值观和实践塑造着儿童对他人的态度，决定着他们学什么、

---

① 英文全称为 National Association for the Education of Young Children，指全美幼教协会。——译者注

如何学。要想为婴幼儿提供有思考、回应性的保育和教育，你必须持续地认真思考个体、家庭和文化因素，此外，你需要认真思考你在儿童的个性认同（如种族、性别和文化）方面表现出的片面性，因为这会影响你针对儿童开展的工作（Maclaughlin, 2017）。

你的工作中喜乐和挑战共存

和婴幼儿日复一日的相处会带给你极大的满足，也有不小的挑战，甚至有时会难倒最有经验的教师！本书会为你提供参考，让这份具有挑战性的工作变得更容易、更充实。如果你能够给儿童和家庭带来重要的改变，那么你获得的将不只是尊重，你的职业自信也会大大增强。

当你面向婴幼儿开展工作时，无论你所在的机构是托育中心、家庭式儿童照护中心，还是早期干预机构或以家庭为中心的家访项目，乃至其他早期教育机构，你的专业和热情都能够帮助儿童蓬勃发展。你的回应性课程、知识、技能以及态度，都会对婴幼儿产生久远的影响。虽然在若干年后，儿童可能不记得你的名字，但你会成为其成长过程中的一部分。通过和婴幼儿的家长一起合作，你将成为每一名婴幼儿的守护者和支持者。

关于作者

唐纳·S. 威特莫（Donna S. Wittmer） 拥有美国雪城大学的博士学位，在纽约州立大学上州医科大学教授行为儿科学，为奥农达加印第安民族提供早期干预评估和干预服务。她在科罗拉多大学丹佛分校担任特殊儿童教育专业的教授长达17年。她是美国0—3岁婴幼儿教育协会（Zero to Three）的成员。

唐纳和别人合著了《0—3岁婴幼儿发展与回应式课程设计》（第四版）①（*Infant and Toddler Development and Responsive Program Planning*, 4th ed.）、《无限的可能》（第二版）（*Endless Possibilities*, 2nd ed.），以及《儿童心理学：0—8岁儿童的成长》（第七版）（*The Young Child from Birth to 8*, 7th ed.）。她近期的一些著作包括《从咬人到拥抱——理解0—3岁婴幼儿的社会性发展》（*From Biting to Hugging—Understanding Social Development in Infants and Toddlers*），以及《哭与笑——理解0—3岁婴幼儿的情绪发展》（*Crying and Laughing—Understanding the Emotional Development of Infants and Toddlers*）。她在早期儿童教育领域发表了众多文章，多次在全美幼教协会和美国0—3岁婴幼儿教育协会的会议上进行演讲。

爱丽丝·斯特林·霍尼格（Alice Sterling Honig） 博士，是美国雪城大学儿童发展专业的荣誉退休教授。她在雪城大学主持全国优

---

① 此书的中文简体版已由中国轻工业出版社于2022年出版。——译者注

质婴幼儿照护工作坊长达36年,获得了该大学的最高荣誉,被校长授予"杰出学术成就奖"。

霍尼格教授发表了600多篇文章和图书章节,出版了20多本图书,并发布了很多面向家长和照护者的视频。她担任全美幼教协会的《幼儿》(*Young Children*)期刊的评审编辑长达6年,在全美和其他国家都做过很多讲座。

霍尼格教授是雪城大学儿童中心的项目主任,这是一个为婴幼儿及其家庭服务的优秀项目。她曾在奥内达加县心理健康协会担任志愿者,帮助家长处理关于离婚和抚养权的问题。2013年,她为中国北京市的一位优秀儿科医生颁发爱丽丝·霍尼格奖。在2015年,贝蒂·考德威尔(Bettye Caldwell)博士以霍尼格教授的名义为雪城大学某学院捐赠了本科生奖学金。

目　录

第一部分　在亲密关系中满足婴幼儿需求 / 1

第一章　与0—3岁婴幼儿建立亲密关系……………………………………3
第二章　创造与家庭互相支持的关系…………………………………………17

第二部分　0—3岁婴幼儿如何发展与学习 / 25

第三章　学习"成为"的奇迹：情绪发展与自我…………………………27
第四章　归属感及同伴交往的奇迹……………………………………………39
第五章　学习交流的奇迹………………………………………………………53
第六章　思考和学习的奇迹……………………………………………………69
第七章　学会成功移动的奇迹…………………………………………………87

第三部分　建构基于关系的回应性课程 / 99

第八章　基于关系的回应型教师………………………………………………101
第九章　基于关系的回应性环境………………………………………………117
第十章　常规与关系……………………………………………………………131
第十一章　创设回应性学习机会………………………………………………143
第十二章　更多的课程理念：唱歌、音乐和阅读……………………………159
第十三章　成人的积极引导及儿童面临的人际关系挑战……………………171

第四部分　你作为专业人士／189

第十四章　以关系为基础的专业 …………………………………… 191

附录 ……………………………………………………………………… 199
参考文献 ………………………………………………………………… 201

第一部分

在亲密关系中满足婴幼儿需求

"关系"在0—3岁婴幼儿的学习和发展中发挥着举足轻重的作用——亲子关系、师幼关系、同伴关系、家长和教师的关系是回应性课程的核心,也是本书的第一部分探讨的基础内容。在第一章中,你将明白对婴幼儿的健康成长来说"关系"为何如此重要,也将学会如何在与儿童的日常互动中建立这些关系。在第二章中,你将学习与儿童的家长建立回应性关系、支持亲子关系发展的一些方法。

第一章

与0—3岁婴幼儿建立亲密关系

与特定成人建立了亲密关系的婴幼儿拥有安全感和满足感,能够感受到自己被爱、被保护。当小婴儿和敏感、有回应的照护者建立了关系,他们就知道可以信任谁、求助谁(Howes & Spieker, 2008)。成人是儿童安全感的基石和港湾,当他们探索世界,寻求安全感、食物、关注和拥抱时,成人都发挥着重要的作用(Kaplan, 1978; Vaughn et al., 2016)。与其他儿童相比,处在安全关系中的儿童更快乐、善良,更擅长社交,较少表现出焦虑,学习能力更强(Brumariu & Kerns, 2013; Groh et al., 2014; Panfile & Laible, 2012)。

从很多研究中可知,0—3岁婴幼儿会和他们的照护者发展出安全、密切、充满关爱的关系(Brumariu & Kerns, 2013; Feldman, Bamberger, & Kanat-Maymon, 2013; Kok et al., 2013; McElwain et al., 2008)。与缺乏安全感的儿童相比,具有安全感的儿童有如下表现:

> 与你相处时表现出满意和愉悦;
> 与你有较多的身体接触,如贴近你的身体、趴在你的肩膀或肚子上;
> 有较少的紧张情绪;
> 有多种多样的情绪表达;
> 在你的帮助下更容易控制强烈的情绪;
> 对难过不安的人表现出更多的同情;

- 有更高的自我价值感；
- 和同龄人一起玩时表现出更多的亲社会性，如善良、友好、助人和同情；
- 与成人、同伴有更多轮流和友好的互动；
- 较少对同伴表现出敌对反应；
- 对熟悉的成人更顺从，更愿意与其合作；
- 在3岁时表现出更少的崩溃、挑衅行为；
- 更能解决问题，乐意接受有挑战性的任务；
- (此条针对年龄较大的学步儿)在违反规则时更倾向于向成人坦白（如"我打了他"）。

当儿童生命中的重要成人满足了其对被保护、感情、情感依恋的需要，成人就能创造出和儿童间的良好关系，影响儿童对自己、他人的感受和思考，也影响儿童的学习方式。不要把满足儿童和"溺爱"画等号，认为爱和赞美就是纵容儿童，会宠坏他们。要多点耐心，多对儿童说"做什么"而非"不能做什么"，支持儿童内心的成长，让他们渴望与他人相处，他们习得的情绪技能将助力其成功地迎接挑战。

可以通过以下方式建立满足0—3岁婴幼儿需要的关系：
- 教师与儿童、儿童与儿童之间互利的交流；
- 提高儿童和教师的幸福感的实践。

双方互利的交流

0—3岁婴幼儿在与成人和同伴间的互动中学习，双方互利的关系让所有的参与者都感到满意。当小宝宝发出咿呀细语时，你回以温柔的呢喃、暖暖的微笑、柔和的目光，你就身处和儿童互利的交流中了。当儿童向你展示他的发现，你热情地回应他时，他也会体验到和你的互利交流。

儿童生来就是有能力的学习者。婴幼儿辨别行为模式、发现他人目的、解决问题的能力令人惊叹。只有与信赖的成人建立有益的互动，他们的身体、情感、社交需求才会在关系中得到满足，一切的学习才会恰到好处地发生（Cuevas et al., 2014；Mermelshtine & Barnes, 2016）。婴幼儿的需求如下所示：

- 安全的保护、充满关爱的情感联系；
- 爱和深情；
- 细心且敏感的成人；
- 同情心和同理心；
- 即时连续回应；
- 重视其独特价值的成人。

接下来的内容将展开叙述如何通过建立关系来满足这些需求。

提供安全保护，建立充满关爱的情感联系

有了成人的保护，儿童会感受到安全，就不会时时处于对危险的警觉之中，这样他们才可以将更多的精力用于学习（Ebbeck, Warrier, & Goh, 2018；Posada et al., 2013）。当婴幼儿感到沮丧时，你的拥抱和安慰可以给予他们安全感。你对他们的语言回应能让他们感到舒心，哪怕是非常细微的一句话也能发挥作用，例如在拉着宝宝的手，协助他从椅子上站起来时，对他说"我要保证你的安全"（Lieberman, 2017）。数年由同一位教师照护比每年都换新教室、新教师，更能让儿童建立安全感和信任感。

当你安慰小宝宝时，他会自然而然地依偎在你的怀抱里；学步儿会蹒跚走向你，寻求情感上的慰藉——这些迹象都表明你能够给予他们情

感能量（Biringen，2008；Mahler，Pine，& Bergman，1975，2000）。婴幼儿有时需要你的抚触、微笑、拥抱，从而为离你稍远的探索积蓄情感能量。如果你是儿童在受到惊吓或感到疲惫时寻求安全感和爱意的对象，那么你就是他们的情感加油站。

你需要注意那些在机构中与你或其他成人没有建立情感联系的儿童。如果他们回避你、警惕你，甚至对你发脾气，那么这可能令你有挫败感、感到困惑。婴幼儿对你的努力不理不睬可能会让你失望至极，然而恰恰是这些儿童需要你的格外关注，他们和你相处时还不具备安全感。也许之前的成人与他们互动时情绪不够稳定，例如前一秒是柔声细语，后一秒是严厉苛责（Kerns & Brumariu，2014；Pallini et al.，2019），这对他们造成了创伤。

你可以与家长和其他工作人员紧密合作，并以此获得0—3岁婴幼儿的信任。举个例子来说，在问候儿童的时候要保持"低位"，蹲下来或跪下来,与儿童的视线平齐,张开双臂,让婴幼儿感到安全、特殊和有情感联系。持续一致的互动和课程安排都很重要。

培养爱和深情

爱和深情滋养着婴幼儿的心灵,引导他们成长为懂得关怀他人的社会人。只有感受到被爱的婴幼儿才会付出爱。

> 建立依恋的第一要素就是"爱"。在婴幼儿照护行业,用"爱"儿童来获取报酬听起来怪怪的,但不能否认,婴幼儿照护者在工作时必须有温暖人心、循循善诱的特质。不管你怎么说,这份工作的核心就是爱(Honig,2002,p.25)。

"情感互动"一词,描述了成人与儿童之间形成和谐氛围的情形。尽管教师也许无法给予所有儿童绝对等量的爱,但要保证每名儿童都能感受到来自教师的温暖、善意和认可。

儿童对其最爱的成人会一直爱自己深信不疑,哪怕不幸遭遇重大挫折,他们也相信自己有能力完成任务。被深爱的儿童能够从一个词不达意、乱洒果汁、一不小心就"方便"出灾难现场、不安时哇哇大哭的毛头娃娃,成长为有能力、刻苦努力、乐观积极的个体。在关爱中,儿童学着和他人交往、学习语言、适应环境、探索玩具、尝试创造,以及遵守合理的社会规则(Honig,2014,p.16)。

使用细心、灵活调整的策略

如果你思考在特定的情境下婴幼儿在想什么——这表明你拥有"将心比心"(mind-mindedness)的能力(Meins,2013),你正在试图解读0—3岁婴幼儿的心绪。例如,请思考以下问题:

> 小宝宝抓你的头发时在想什么呢?他想弄疼你吗?在大多数情况

下,并不是这样的。是不是他发现你漂亮的头发正在阳光下闪闪发光?是不是他只是想用手指摸一摸发丝,但不小心"深缠其中"了呢?

▶ 一个学步儿推了同伴,他在想什么呢?他在表达愤怒,还是只想表达和同伴一起玩的需求?

要思考儿童在做事时的目的,他们的行为是在表达心中的需求。儿童在积极地尝试用不同的方法来实现自己的目的。很小的宝宝通常不会主动伤害别人,他们只是不知道如何和他人打交道,所以才会用推搡、击打的行为唤起对方的注意。然而这些行为并不能让他们成功地结交朋友,除非细心敏感的教师能够捕捉到儿童的信号、理解儿童的意图,帮助他们使用正确有效的方法来交朋友。

想弄清楚儿童正在想什么,不妨做出评论:"看起来你现在有点难过"或"你是不是想引起凯莉的注意呀?"。你对儿童想法的猜测也许不够准确,但他们会帮助你弄明白!一定要对儿童的想法保持关注,多想多说。当你猜中了婴幼儿的心意时,他们会笑,看起来很满足,继续社交和学习。

你对儿童心思的猜测和评论能够帮助他们获得语言和认知的发展(Kirk et al., 2015)。举个例子,当你告诉学步儿"你正在笑,看起来好幸福"时,他就会学到描述情绪的词语。除此之外,儿童还能从你的评论中学会掌控自己的行为。当一个小婴儿盯着架子上的玩具小马看时,你可以对他说:"你真的很想要那只小马,让我把它拿近一点,你就能够着了!"这句话不仅能给儿童提供可学习的词汇,还能让他知道自己正在做什么,有相关经验的儿童在3岁和5岁时会表现出较少的问题行为(Meins et al., 2013)。

和同事讨论他们如何思考儿童的想法很有益。和同事、家长分享儿童的照片和录像,与他们谈论儿童的感受和想法,能让你对每个儿童有更全面的了解。

要做到"将心比心",需要敏感地调整。善于调整的教师会致力于用言语和非言语的交流与0—3岁婴幼儿一起"翩翩起舞"。这种"舞蹈"需要教师根据儿童的身体信号、声音和语言,适时、有效地回应他们,给予他们足够的时间,直至产生互动。儿童会感到被认可,并喜欢与教师交流。这种富有敏感性和调节性的"舞蹈",会促进儿童的社会性和情感发展,以及其他领域的发展(Shai & Belsky, 2017)。

表现出同情心和同理心

你的体贴和帮助可以满足儿童渴求温暖的情感联结的生理需要(Stern, Borelli, & Smiley, 2015)。你的共情和善意会给每名婴幼儿传递积极的看法，这些都是他们形成安全依恋的必要因素。

通过理解儿童的发展，你能对"看起来在搞破坏"的小家伙给予更多的理解。如果你具备关于早期动作发展的知识，当你看到婴儿连爬带抓地到桌子上拿食物时，你会有更多的耐心。当2岁的儿童怎么都坐不住，喜欢到处乱跑时，了解学步儿发展特点的教师不会强行让他坐在座位上。虽然几个月前就学过如厕的方法，但近3岁的小家伙还是拉裤子了，对于经验丰富的教师来说，这并不是什么错误。

想想你是如何和善地对待婴幼儿的：面对从早到晚哭个不停的小宝宝，你有没有充满耐心地安抚他？或者你是否默认他是黏人精、爱哭鬼？如果你知道2岁的宝宝还不会和同伴交换玩具，那么你会不会原谅抢了同伴玩具的小家伙？看到正在发脾气的儿童，你会不会仔细思考他生气的原因，设身处地地思考自己能提供怎样的帮助？

随机性回应

随机性回应（contingent responsiveness）意指对每名儿童的肢体信号、语言交流给予快速的回应，力争准确地捕捉到儿童通过信号表露出的需求。通过例子，你会更容易理解：当一个学步儿拉了拉你的腿，那么他是想让你跟随他，还是想让你抱抱他？你不太能确定，于是把他抱了起来，但是他快速且坚决地让你知道这并不是他想要的，你接着尝试另一种策略，这次他表现出满意的神情。他不需要通过大喊大叫、推搡，甚至咬人来获得关注，你在默契中和他建立了情感联结。在你尝试用不同的方法来满足他们的需要时，他们会身体力行地满足其他儿童的需要。

除此之外，你赠予了儿童宝贵的礼物，名为"自我效能感"（self-efficacy），就是儿童相信自己有能力。当你看到一个婴儿在鼓掌而为他鼓掌，或开心地假装吃掉一个学步儿递给你的一块"蛋糕"时，你的行为有助于儿童觉得自己是有效的沟通者，有助于他们建立自尊。

当你做出即时的回应时，你就帮助婴幼儿建立了社会行为模式。你对婴幼儿的一颦一笑、一言一语都有回应，会为他们提供学习如何对他人做出回应（无论是发表评论，还是微笑倾听）的机会，他们会对他人表现出善意和关注（Brophy-Herb et al.，2011）。最重要的是，0—3岁婴幼儿会相信自己是美好事物的创造者。

赋予每个儿童独特价值

每个儿童都有自己独特的气质类型、兴趣爱好和长处。如果你关注建立良好的关系，必须重视每个儿童的独特之处。

气质

气质彰显了一个人的行为方式。托马斯和切斯（Thomas & Chess，1977）在数十年前就提出了气质的概念，之后关于气质的研究逐渐增多，包括气质对儿童行为举止的影响，以及成人对不同气质类型的儿童的回应等（Chen，2018；Grady & Callan，2019）。

例如，一些儿童不挑食、容易入睡，遇到同伴抢自己的玩具时，很少有激烈的反抗，这些婴幼儿在大多数时间都会微笑和感觉满意，通常容易被安抚。

有些学步儿表现活跃和充满活力，进食时狼吞虎咽，游戏时肆意张扬，毫不掩饰地展现自己的澎湃激情，这些像"打了鸡血"的小家伙处在典型的高活动水平。

其他看起来胆小怕事、容易害羞和退缩的儿童，在早期照护和学习机构中会度过充满挑战的时间。在尝试新事物、交往新朋友时，这些儿童需要你的帮助，你千万不要心急。你可以试着和胆小的儿童一起读故事，或者邀请另一个同伴一起阅读。如果在户外活动中他在探索和游戏时显得犹豫不决，那就让他紧紧地跟在你的身边，直到他感到舒适。在室内，我们可以给这些儿童创造一个舒适的小角落，他们可以在其中一起游戏。在你的支持和鼓励，而不是催促和逼迫下，他们会随着年龄的增长打开心扉（Kagan & Snidman, 2009；Rubin, Burgess, & Hastings, 2002）。

另外，有些儿童易怒，似乎需要做一番斗争才能满足他们的需求。你可以经常和他们的家人聊一聊，看什么样的做法能让他们冷静下来，探索出安慰他们的多种方法：小婴儿甚至是学步儿，可能喜欢被你紧紧地抱住；如果他们的身体扭来扭去，还一直拉扯衣服，检查一下是不是衣服的标签在"作祟"；试试看少食多餐会不会让儿童舒服些；在完成拼图、成功投篮、搭建高楼后，儿童非常期待你赞扬他们的努力……以上只是一些常见的例子，在和儿童的相处中，你要保持敏感和细心，及时回应他们。相信随着儿童的成长，他们能学会控制自己的脾气。

重要的是，气质类型并不能定义一个人（Gensthaler et al., 2013；Stifter, Putnam, & Jahromi, 2008）。尽管气质不同，所有的儿童在理解和赞赏中都能学习知识、收获友谊，最终开出属于自己的成功之花。

兴趣和特长

你需要了解每名儿童的兴趣和学习方式，继而寻找支持他们的最佳方式。有的婴儿好动，很早就学会了翻身，喜欢爬个不停，把眼前的物品拉来推去，连你的膝盖都不放过；有的婴儿好静，能一动不动地坐很久，细细观察吸引他的物体，盯着沙漏里的沙慢慢落下；一个小音乐迷可能想要和你一起唱歌，然而另一个宝宝听到你唱歌，可能会捂你的嘴；年龄稍大的学步儿可能喜欢各种大小和形状的石头，口袋里总有一颗小石头；有的儿童可能对石头毫无兴趣，但看到沙坑就忍不住跳进去，把湿沙堆出不同的造型。由于儿童的兴趣和技能会随着时间发展和变化，因此要持续观察和提供回应性环境，追随儿童的独特脚步。

支持健康关系的实践

在教育实践中,基础照护、持续性照护、合适的小组规模、适宜的师幼比会影响儿童与成人及同伴的关系。

基础照护

在早期教育和保育中,基础照护的地位不可忽视。一位教师能够为一个人数较少的儿童小组提供基础照护(Kovach & Da Ros-Voseles, 2008),他熟知小组中每名儿童的饮食、睡眠、抚触和玩耍需求,知道如何安慰儿童,给小婴儿喂食、换尿布,在用餐时间坐在桌旁陪伴学步儿。同时他和家长保持频繁的联系,以更好地了解儿童,鼓励家长参与到儿童的照护中。儿童非常信赖主要照护者。由于这位教师做不到无时无刻都守在儿童的身边,因此次要照护者也必须非常了解每名儿童。

儿童会与主要照护者建立典型的安全依恋,在和次要照护者相处时也充满安全感。在和机构中的一两位教师建立安全依恋后,婴幼儿能够怡然自得,在学习时更集中精力(Ebbeck et al., 2015)。

持续性照护

持续性照护(continuity of care,COC)指的是在教育机构中,至少有一位教师要在儿童接受教育的过程中(一般来说是两三年)不发生变动。保证持续性照护的一种方式是在混龄小组中婴儿自出生到3岁都跟随同一位教师。更常用的方式是在分班、升班时,至少有一位原来的教师陪同婴幼儿到新的教室。教师需要将同一批婴幼儿从出生教到3岁,然后再迎接新一批婴幼儿(Choi, Horm, & Jeon, 2018)。

持续性照护建立在对依恋的研究的基础上,儿童和教师彼此熟悉。与家长、教师建立了安全依恋的儿童，表现出更少的焦虑情绪（Badanes，Dmitrieva，& Watamura，2012），儿童不需要每年甚至更频繁地重新适应新的教师。然而持续性照护在教育实践中并没有被广泛采纳（Choi，Horm，& Jeon，2018），许多幼儿教育组织都强烈建议采用此策略（Lally，Torres，& Phelps，2010；NAEYC，2018；Sosinsky et al.，2016）。

持续性照护会给教育实践带来许多益处：

- 教师的工作效率高，因为他们能够更容易、准确地捕捉和读懂儿童的非言语和情绪信号。
- 儿童更容易和教师建立安全依恋。雷克斯（Raikes，1993）的研究表明，在和同一位教师相处超过一年的婴儿中，有91%的婴儿能和教师建立安全依恋。
- 教师认为接受持续性照护的儿童能够表现出更高水平的自控能力、主动性和依恋感（Horm et al.，2016）。
- 与经常换教师的儿童相比，接受持续性照护的儿童与教师的互动更深入，教师对儿童的评价也更高，他们表现出更少的问题行为（Ruprecht，Elicker，& Choi，2016）。
- 儿童和同龄人能建立更有意义的关系（de Groot Kim，2010）。
- 教师和家长之间的联结更紧密，能更好地展开交流，帮助儿童发展。

也许有人会说让儿童学会适应不同的成人不是什么坏事，但是"生命最初三年的信任感能支持儿童面对未来复杂的变化"（McMullen，2017，p. 49）。然而，保证持续性照护对政策制定者和教师都非易事（Garrity，Longstreth，& Alwashmi，2016），许多教师都更适应和某一特定年龄段的儿童相处，跟随儿童成长对教师提出了更高的要求，教师要不断地学习才能掌握儿童随着年龄增长在社交、情感、身体、认知、语言发展等各方面的变化。尽管如此，实现持续性照护能够给儿童、教师、家庭带来巨大的益处，教育机构、教师要朝着这个目标坚定地前行，不断讨论、打磨，总结行之有效的经验。

小组规模和师幼比

小组规模和师幼比是影响教学质量的两个因素，关系到照护关系的建立、婴幼儿的安全和学习。小组的总体规模很重要，如果一个婴儿班里有12名宝宝，即使有3位教师提供照护，教室里依然会很吵闹和混乱。小规模的小组对儿童和教师都有利（de Schipper，Risken-Walraven，& Sabine，2006；Sosinsky et al.，2016）。

师幼比指的是教师与儿童的数量比例。全美幼教协会（2018）建议：婴儿班的儿童总数不超过8个人，4名儿童要配备1位教师；学步儿班的儿童总数不超过12个人，6名儿童要配备1位教师。

当你构建了一个以关系为基础的方案，并致力于提供满足儿童需求的互利性互动时，你已经成为儿童故事和旅程中的一部分。尽管他们长大后也许不记得你曾是他们的教师，但你的存在已令他们感到你是其生命中不可或缺的一部分。穿过时间的长河，孩子们会记得并保存你昔日对他们的细心照顾。

本章涉及的 NAEYC早期教育 项目标准和话题	标准1：关系 1.B　师幼间建立积极的关系

第二章

创造与家庭互相支持的关系

在早期教育机构和家庭托育中心为0—3岁婴幼儿提供回应性照护要求教师与家长建立密切的关系。家长需要知道你真正理解和关心他们的孩子,而且他们对自己孩子的认识对你提供回应性课程来说至关重要。家长也需要知道你非常尊重他们,承认他们是儿童的第一任教师。所有的互动都应该是双赢的,你可以从家长的身上学到很多东西,家长也能从你的身上学到很多东西。

家长与教师的密切协作能让婴幼儿得到更好的发展。与婴幼儿打交道的工作需要一个为家园关系构建的共同照护机制(co-caring framework)(Lang et al., 2016)。一个共同照护机制就是一种思考方式,即思考你如何与婴幼儿的家长建立关系,认识到家园共育对每一个关联者都有益处。既然家长是儿童的第一责任人,教师在一天中与0—3岁婴幼儿相处很长的时间,这就要求双方都开诚布公地共建家园合作之路,以此支持婴幼儿的发展和确立进食、如厕、学习以及睡眠等方面的常规(Lang et al., 2016)。

创造面向所有家庭的包容环境

不同的文化有其独特的传统、习俗、信仰和价值观。每个家庭都有自己的文化实践、偏好和为儿童设置的目标。这些家庭应通过儿童所处机构的图片、图书、学步儿的表演游戏区中的日用品和服饰、音乐、玩偶、留言板及其他材料，看到自己、发现属于自己的文化习俗、社会团体元素及价值。要创设一个温暖的区域（详见第九章）来热情问候每一个到访的家庭。

如果你和你的同事不会说某个家庭使用的母语，可以寻求来自这个社区的其他家庭或个人的帮助，或者学习一些简单的词汇，让对方感受到被接纳，也可以提前准备好含有该语言的书面材料来辅助沟通。你需要了解每个家庭有多大意愿参与项目。你也可以寻求其他方式，来营造一个欢迎和尊重每个家庭的环境。

与家庭沟通、建立关系的策略

与家庭建立信任并非一日之功。初见儿童及其家长，互利的沟通对第一印象极其重要。下面的建议可以帮助你和家庭建立互相尊重的有效关系。每一条建议都意在为开放、友好、有益的沟通搭建桥梁。

- 给家庭提供关于项目的小册子，清楚地介绍课程理念、目标、课程设置及相关政策等信息。向孩子已入托和准备入托的家长寻求建议，能够帮助你更好地完善小册子。
- 举行欢迎仪式，了解家庭的培养目标、教育方式、文化习俗，以及婴幼儿的喜恶、睡眠和饮食常规等。一定要弄清楚家长对学校教育的希冀和需求。
- 允许家长和婴幼儿有一天或更久的过渡期。在婴幼儿正式入托之前，邀请家长和孩子一起体验几小时。一些婴幼儿需要家长陪伴更长的时间，才能适应这个新环境。过渡期也给教师提供了了解儿童常规和偏好的机会，给家长树立了与儿童有效互动的模板。
- 开通家长与教师讨论问题的渠道。一些家长通常不知道自己有问题时可以求助于谁，鉴于此，可以给每个家庭指定一位教师（Banks，2018）。参阅第十三章，你可以获得与家庭合作解决问题的更多策略。
- 保证经常与家长沟通信息。许多托育机构使用短信、电子邮件、家园沟通软件（Koralek，Nemeth，& Ramsey，2019）与家长交流，你可以选择最适合家长的沟通方式，交流最有价值的内容，让家长知道你非常重视来自他们的信息。
- 熟悉你所合作的家庭。除了入托登记表上的内容，你还可以通过和家长闲聊，得知他们喜爱的家庭活动、个人兴趣、家庭成员的角色和地位，以及他们在亲子活动中能发挥的才能、知识等。
- 和家长一起创建儿童的成长档案（参见第十一章），关注儿童在家庭和托育机构中的所做所学。
- 建立通讯栏和公告板，向家长征求关于话题的建议。公告的内容可以包括：周计划、日计划，各个学习区域的学习机会，有趣的网站、视频、小册子，以及社区资源等。要注意避免信息过于繁杂。
- 举办家庭之夜，或者召开家长和儿童一起参加的交流会。
- 鼓励家长加入家庭委员会，一起制定教育方针，策划特别活动。

建立密切的家园关系的挑战

教师和家长拥有共同的目标，那就是促进儿童的健康成长，特别是当双方产生分歧时，要提醒自己牢记这一点。矛盾可能来自文化差异、家庭和托育机构的照护方式不同。家长是最了解儿童的人，如果教师对儿童发展的专业引导与家长的意愿相背离，那么不和谐的音符就会产生。教师和家长完全一致的理想情况极为罕见，但理解和尊重可以架起双方沟通的桥梁（Isik-Ercan, 2017）。有时，第三方（比如机构负责人）的参与可以激发头脑风暴，找到让双方都能接受的解决方案。

当家长表露出生气或担心的情绪时，你要做的是积极倾听。不要错过家长说的每一个词，可以复述你听到的内容，这样家长就会明白你完全理解他们的意思了。就像下面的例子中教师所做的那样：

> 亨利晚上入睡很困难，这让他的妈妈很焦虑。她认为，一定是亨利在托儿所里午睡太久了。卡特里娜老师安慰亨利的妈妈说："我明白，如果亨利不困，很难让他睡着。晚上大家都熬不下去了，但只有亨利精神高涨，这种情况一定很难处理吧！那么我们有什么能帮到您的呢？"亨利的妈妈建议每天中午只

让亨利睡一小时,时间到了就喊醒他。卡特里娜老师尝试了一周,但发现被喊醒的亨利状态很差,于是她再次和亨利的妈妈沟通:"我们是不是可以换种方式?午睡一小时对亨利来说太少了,要不要试试午睡一个半小时?"

有时家长的做法会让你难以理解。也许会有这么一位家长,即使他今天在家里休息,他也依然会把孩子送到你这里。说不定这个家长有自己的难处,他可能需要一天的休息时间,让自己从为人父母的压力中喘口气,给家人买食物,锻炼……也可能是孩子吵着一定要来上学。

如果家长希望你采用一些体罚或其他机构禁止使用的措施,可以先听听家长的理由,理解他们的处境。然而,你必须坚定地向家长解释禁止使用任何体罚措施的规定,然后拿出入托手册,解读相关的条款,并说明理由(参考第十三章)。同时,你可以告诉家长,在面对儿童的挑战性行为时你会使用的教育策略,以及使用这些策略的原因。你要保持和家长的沟通,鼓励家长尝试并找到适合孩子的有效方式。

大多数家长都希望教师真诚地喜欢他们的孩子，支持婴幼儿的每一步成长，帮助其不断学习和发展。因此，你可以试着每天都与家长聊一聊其孩子的成长和进步，分享观察到的儿童的学习成果，让家长分享儿童在家里的学习和感受，瞄准双方都关心的话题，共同寻找双方都认可的解决方案。这就是家园互助共同体的本质，目的是在教师和家长之间建立更稳固、有效的合作关系。

支持亲子关系

当婴幼儿离开家庭，进入托育机构时，他就不能整天待在家人的身边了，此时教师对亲子关系的支持就很重要。教师怎么做才能支持亲子关系、减轻儿童的分离焦虑呢？以下几种方法会对你有所帮助。

- 每天入托时，建议家长和儿童使用约定好的独特的告别方式，可以是共读一本书，也可以是一起玩最喜欢的玩具，或者只是简单地隔着窗户挥挥手。有了约定好的告别方式，儿童就会做好心理准备，这让分别变得不那么激烈。要提醒家长，大大方方地说再见比偷偷溜走更合适，前者能够让儿童相信父母会来接自己，后者则会打破儿童的安全感和信任感。
- 如果教师不会说儿童家庭的母语，可以先学一些儿童熟悉的词语，学唱几首儿童喜欢的歌曲，这样能更好地抚慰儿童。
- 如果儿童的分离焦虑特别严重，可以请家长准备小手镯、照片、小毯子等安慰物，让儿童觉得家长一直会陪在他们的身边，并且一直爱他们。儿童可以整天都把安慰物带在身上。
- 准备班内儿童的家庭照片并塑封好，将其放在篮子里，儿童随时可以拿取和查看，也可以带着它走来走去。可以给每名儿童准备一本小相册，里面放几张家人的照片。如果儿童愿意，可以整天带着这本小相册,甚至有些儿童在睡觉时也可以抱着它。
- 每天都要写好简要的交流表,让儿童在放学时带回家。表上可以记录儿童的饮食、换尿布情况,加上一两件儿童在机构中的趣事和喜恶等。一些托育机构会将类似的表格放在桌子上,家长可以在早上送孩子入托时填写一些简明的信息和教师需要特别关注的情况,比如昨天儿童没有休息好、没有吃早餐等。

亲子关系的质量会影响到儿童的社会性和情绪(van Berkel et al., 2015; Huang et al., 2017)、行为(Lorber & Egeland, 2011)、语言(DiCarlo, Onwujuba, & Baumgartner, 2014)及认知能力的发展(Cuevas et al., 2014)。当教师和家长建立了紧密的合作关系,并支持儿童和家长的亲子关系时,所有人都会获益。

本章涉及的NAEYC早期教育项目标准和话题	标准1:关系 1.A 教师和家庭建立积极的关系 标准7:家庭 7.A 了解并理解参与的家庭 7.B 教师和家长互相交流信息 7.C 培育家长成为儿童的拥护者 标准8:社区关系 8.A 和社区建立联结 8.B 评估社区资源

第二部分

0—3岁婴幼儿如何发展与学习

第二部分将描述0—3岁婴幼儿发展与学习的奇迹。其各章分别讨论一个发展领域（涉及情绪、社会性、语言、认知和动作），以及促进婴幼儿在这些领域内的发展与学习的策略。本部分论述旨在激励你观察和支持婴幼儿学习"成为"（be）（Tayler，2015），变得善于社交、沟通、思考和解决问题并走向成功。

第三章

学习"成为"的奇迹：情绪发展与自我

积极的情绪发展是婴幼儿在生活中取得成功的重要钥匙，他们从出生的第一天起，就十分需要在情感上与有爱心、积极回应的成人建立联系。情绪发展影响着婴幼儿当下及未来的生活质量。

情绪发展包括儿童：
> 与重要成人建立亲密有爱的关系；
> 有自我意识、自我价值感和自信心；
> 能够理解和表达情绪；
> 在成人的帮助下，逐渐学会自我调节和控制冲动。

发展对重要成人的依恋

婴幼儿会与生活中的重要成人（包括家庭成员和教师）形成依恋——一种强烈的情感联系。安全的依恋关系会让儿童远离伤害，同时通过帮助其管理痛苦和快乐的情绪来支持其大脑发育，让他们有更好的注意广度，帮助他们学会与其他成人、同伴交流，并发展彼此满意的关系（Brock & Kochanska, 2019；McElwain et al., 2014；Pallini et al., 2019；Vaughn et al., 2016）。

依恋的质量

虽然依恋对儿童的幸福至关重要，但依恋的质量因关系而异，通常分为安全型、焦虑型/矛盾型、回避型、混乱型（Ainsworth, Bell, & Stayton, 1971; Honig, 2002）。随着时间的推移，当一名儿童体验到某个成人带来的安全感，并对自己的需求做出一致的回应时，他很可能会对该成人形成一种安全型依恋。否则，他可能会形成不安全型依恋（焦虑型/矛盾型或回避型）或混乱型依恋。即使成人和儿童之间的依恋关系具有挑战性，儿童也能试图与成人保持安全状态。这也许意味着他为了避免让成人生气或焦虑，因此，他大部分时间都待在成人的身边，比其他儿童探索环境的时间要少很多（Moullin, Waldfogel, & Washbrook, 2017）。

> 玛拉（4个月）依偎在教师的身边，教师经常对她微笑，温柔地抱着她。马尔科（7个月）看着教师的脸，以确定刚刚走进房间并靠近他的一位家长是否安全，当他看到教师对陌生人微笑时，他才放松下来。

当和主要照护者在一起时，玛拉和马尔科会感到安全。如果马尔科的老师微笑，他也更能接纳陌生人或新情形。因此，当你帮助更大月龄的婴幼儿感到被爱、被赞赏和获得安全感时，这种安全感能够使他们在离你较近的范围内进行探索。当他们感到疲惫、害怕或需要你时，他们就会冲向你——他们的能量来源、安全基地或保护层，然后带着新的能量和勇气，再次冒险，探索不断变化和激动人心的世界。

依恋为儿童与他人建立关系提供了蓝图。儿童根据自己的依恋经验，学习如何与他人交流。与非安全型依恋的儿童相比，安全型依恋的儿童更善良、关心他人且乐于助人，与教师和同伴的交往方式更为友好。

他们还会体验到更高质量的友谊（McElwain et al., 2008）。

儿童也可能会经历焦虑型/矛盾型的不安全依恋（Ainsworth, Bell, & Stayton, 1971; Bowlby, 1980; Kok et al., 2013）。他们可能会抵抗或依附成人，这些成人也许会对他们采取不一致的行为方式，或者经常让他们感到沮丧。家长或教师无法总是注意到并立即回应儿童的所有求助或被关注的需求，而正是因为儿童无法预测成人的回应，所以他们可能会学习以不适宜的方式来获取关注。坚持寻求关注的儿童非常想和成人在一起，但是当大多数成人的回应不可预测时，他们对这种互动并不满意，可能会变得抗拒、依附、依赖，甚至可能对成人不屑一顾，不断尝试满足自己的情感需求。

0—3岁婴幼儿甚至可能通过"不服从"的行为，寻求成人的消极关注（比如成人对他们喊叫），这会使他们增强亲密感。因此，成人应时刻注意儿童的依恋体验，并意识到寻求关注的儿童需要关爱。

> 贾娜是一名婴幼儿教师，萨姆（4个月）因为被从睡梦中叫醒，在床上大哭，以表示反抗。贾娜的配班教师宣称："婴儿哭是件好事，这对他们的肺有好处。"贾娜回应道："如果我们一直让他哭，萨姆将不信任成人是善良的，可能也不相信他能够表达自己的需求，就会开始对我们产生不安全感。"

为了感到安全，萨姆需要教师始终如一地做出回应。然后，萨姆可以将教师作为一个安全的基地，继而安全地探索自己周围的环境。

安斯沃思等人（Ainsworth et al., 1971）将另一种不安全型依恋称为回避型依恋。阅读下面的案例，思考尼娅有什么感受。

> 尼娅的母亲卡拉刚被解雇，正承受着巨大的精神压力。尼娅（9个月）在母亲失去工作前，在母亲身边是感到安全的，但卡拉失去工作后总是对别人（包括尼娅）感到很愤怒，也没有

得到亲戚们的任何支持。她觉得尼娅似乎故意在晚上哭并吵醒她，因此她经常对尼娅大喊，让她安静下来。后来，尼娅经常安静地坐在远离母亲的地方，显然是为了不惹她生气。

像尼娅一样学会避开成人的儿童，已经掌握了一种得到安全感的方法，即避开没有回应或生气的成人，以及避开不喜欢触摸或抱着他们的成人，这将使儿童对成人丧失信任感，由此会带来巨大的损失。有时，学会避开成人的儿童在进入一个托育机构时，看起来比其他儿童更加成熟，也不那么大惊小怪。他们可以独立玩耍，似乎不在乎成人是否注意他们。

经历过混乱甚至虐待的婴幼儿，可能会表现出混乱型依恋，并经常表达自己的愤怒。当6个月大的婴儿受到极不一致或苛刻的照护时，他们可能会打人并表现出愤怒（Hay et al., 2014）。他们可能会在被抱起时拱起后背，抓挠他人，不允许成人和同伴靠近。他们需要体验到始终如一的关爱，否则很难建立健康的依恋关系（Belsky & Pasco Fearon, 2002）。

儿童发展的相关研究指出，需要一个社会"摇篮"，为婴幼儿提供以下机会：①与照护他们的人建立安全的纽带；②在社会性、智力发展及交流和探索的过程中得到保护和鼓励；③建立积极的自我认同感和他者意识（Lally, 2014）。

迅速且专注的回应

你的回应性互动会给儿童带来安全的依恋，并影响他们发起活动和轮流的能力（Hedenbro & Rydelius, 2014）。你可能会听到婴儿轻柔的声音，然后你会看着婴儿的眼睛，温柔地回应。你耐心地等待婴儿在你的回应性互动后再次发出可爱的声音。此时，婴儿能够学会轮流交谈，并相信你会照顾他们。

学步儿可能会向你展示并滚动他的球。你可以热情地惊呼"真是一个漂亮的球，快把球滚到我的面前"，你也可以和他一起玩来回滚动球的游戏。在玩的过程中，学步儿能够学习如何轮流玩耍。研究表明，学步儿在与成人互动的过程中学习到的轮流技能，将影响其在4岁时掌握的同伴交往能力（Hedenbro & Rydelius，2014）。

当婴幼儿教师有下列表现时，婴幼儿会与他们建立安全依恋：

> 敏感而亲切地关注儿童的感受和需求；
> 对他们的痛苦做出及时且适当的回应；
> 在与儿童交谈和玩耍时，轮流与他们进行互动；
> 在情感和身体上的表现始终如一。

依恋质量会变化

儿童的依恋质量可能会发生变化，变得更安全或不安全（Belsky & Pasco Fearon，2002；Booth-LaForce et al.，2014）。如果婴幼儿对父母感到不适，而父母变得更敏感，那么他们可能就会开始感到安全。如果婴幼儿感到安全，而父母回应迟钝，那么他们可能会开始感到不安全。因此，儿童的依恋质量取决于成人和儿童的互动质量。

提供情感缓冲

作为一名教师,你有一个独特而重要的机会,来帮助一个感觉不好的儿童体验一种敏感而友爱的关系。你可以成为那些经历过不安全依恋的儿童的情感缓冲,如果至少有一个人能慷慨而深切地照顾处于压力中的儿童,那么他们会更有韧性(Sciaraffa,Zeanah,& Zeanah,2018)。教师可以帮助儿童发展适应能力,从挑战性经历中快速恢复。

塔哈妮与家人的早期经历让她认识到,成人是不可预测的。现在,11个月大的塔哈妮为了得到安全感,会避开这些成人。由于她在家里的经历,她也逃避她的老师——希拉。当她进入希拉所在的早期教育中心时,希拉知道这个婴儿需要一个有爱心的成人,能够对她的需求始终如一地保持善意并给予回应。每天早上,希拉都会热情地问候塔哈妮,经常坐在她的身边,与她轻声交谈。希拉一直对塔哈妮微笑,有一天塔哈妮也对希拉微笑了!当塔哈妮难过时,希拉会以安慰的话语和温柔的抚摩进行回应。当塔哈妮和希拉在一起时,她逐渐感到被保护,也可以信任其他成人。当早期教育中心将家庭与社区资源联系起来后,塔哈妮的家人也能够让她在家里感到自己是被保护的。

依恋关系对儿童来说至关重要,因为它会影响儿童对自己和他人的感觉。在儿童的生活中,他们每天都在识别成人是否值得信任。儿童正在从某种深层意义上了解他们是否真的值得被爱,他们也在学习爱别人。如果婴幼儿感到安全,他们就会建立韧性——坚持完成挑战性任务的能力(如用积木进行搭建和建立愉悦的关系),并更容易适应压力。

幸运且令人高兴的是,婴幼儿的确可以在父母的帮助下依恋其他成人，其中的每一种依恋都对应儿童和成人之间的独特关系。实际上，与父母和教师的安全依恋关系是儿童在情感、社交和学业方面取得成功的关键（Cassidy & Shaver, 2016）。

获得自我意识、自我价值感和自信心

在生命的前三年里，儿童正在学习"成为"（Tayler, 2015）。他们在了解自己与他人的关系：他们可爱吗？值得爱吗？谁爱他们？他们爱谁？他们有能力吗？我们希望儿童发展健康的自我意识、自我价值感、自信心和自我激励能力。高自我效能感和自我满足感不仅能驱动儿童学习和感受到被爱，也能促进他们与他人建立积极的关系。

> 学步儿马赛亚斯的教师意识到他非常需要和她在一起，当她给另一个孩子换尿布时，她通常会带一个凳子，让马赛亚斯坐在旁边。当马赛亚斯在一旁时，他会高兴地看着一本书，并经常抬头对教师微笑。

这位教师帮助马赛亚斯判断自己是否可爱、有能力、被倾听且受人尊敬。随着他的成长，这种对自己的理解和认识将一直伴随着他。

自我意识的发展相对缓慢（Rochat, 2003）。婴幼儿能意识到有人帮助他们感到舒适或不舒适。对于温柔的触摸与粗暴、突然或非回应性的触摸，他们的反应是不同的。

> 当有人问14个月的纳塔利娅"纳塔利娅在哪里？"时，她会指着自己。当有人问她"妈妈在哪里？"时，她会指着妈妈。当她最喜欢的成人问"谁想要酸奶？"时，她会指着自己说："我！"

纳塔利娅开始让自己变得与众不同。月龄较大的婴儿能够识别出自己的名字,当听到有人喊自己的名字时,他们会转过身来微笑。学步儿能够学会用自己的名字来称呼自己,正如凯说:"凯想要牛奶。"到2岁时,儿童能够掌握"我的"这一表述,并频繁使用。

儿童在出生后的三年中获得了一种身份认同感,从而确定他们是否有能力、值得爱,以及能否感受到他人的爱。你的眼神经常能告诉儿童,他们是否有能力和被爱。你的眼神能够表达赞美、喜悦和理解,也能够表达愤怒、不满和沮丧,因此,成人永远要考虑儿童能够在与你的互动中发展出何种认同感。

学习如何以健康的方式理解和表达情绪

婴幼儿情绪的发展可以说是一个真正的奇迹,主要包括情绪理解和情绪表达。当你第二次拒绝热情地回应婴幼儿时,一个忧郁的婴儿可能会皱起眉头,一个学步儿可能会伤心得流下眼泪,一个2岁的学步儿可能会愤怒地反抗。在生命最初的三年里,儿童开始有能力理解和回应他人的情绪,在这个过程中他们需要你的支持。

学习表达情绪

年龄较小的婴儿通过哭泣、环视、声音以及身体动作来表达他们的需求。他们在饥饿或身体不适时会大声抗议,也会表达痛苦、厌恶和兴趣。同时,他们喜欢温暖迷人的微笑。在2—4个月大时,他们会用自己富有感染力的微笑来吸引成人。

到4—8个月时,婴儿会出现悲伤、满足、恐惧和愤怒的情绪。在1岁左右,儿童开始发展惊讶、高兴和幸福的情绪,并逐渐意识到他人也有情绪。他们经常会模仿主要照护者的情绪。

1—2岁儿童会表现出尴尬的情绪。"儿童会出现与自我意识相关的情绪，如尴尬、骄傲、内疚和羞耻，这表明他们正在发展自我意识"（Ross，Martin，& Cunningham，2016）。你见过一个2岁的孩子躲在你的腿后，其他成人对他的表现感到惊讶吗？如果一个2岁的孩子把牛奶弄洒了，他可能会跑到房间的角落里，因为他受到责骂而感到羞耻或害怕，然而在你的照护下，他能够学会在事故发生后帮助清理桌子。通过询问并展示他能做什么，能够帮助他学会弥补，而不是感到羞耻。

学习情绪词汇

关于婴儿和熟悉的成人如何建立情感联系的研究表明，婴儿非常容易受到他人回应时的情绪变化的影响。一项针对亲子互动的研究表明，如果母亲与婴儿一直低语和微笑互动，然后转过身，那么婴儿会努力通过发出声音或伸出手来吸引成人的注意。如果婴儿未能成功地重获成人的注意，那么他会变得焦虑和不悦，并开始流口水和哭泣（Tronick，2007）。可见，婴儿会产生这样的期望：有爱心的成人会回应他们。如果成人不回应，那么婴儿可能会情绪崩溃。因此，你的敏感回应对婴幼儿来说非常重要。

婴幼儿需要能经常与他们谈论情绪的成人。成人可以先使用悲伤、高兴、惊讶和害怕等情绪词汇，然后逐步使用沮丧、孤独和失望等词汇。与非常年幼的儿童甚至婴儿谈论情绪，有助于其情绪和社交技能的发展。当研究人员教家长与孩子谈论情绪时，儿童能够学会"用简单的词语来表达情绪、需求和愿望，而不是用身体来表达"（Brophy-Herb et al., 2015, p. 512）。

在另一项研究中，教师增加了对2—3岁儿童情绪的讨论。与另一组听不到情绪词汇的儿童相比，能听到情绪词汇的儿童使用了更多的情绪词汇，学会了用语言来描述自己的感受，并且更倾向于进行社会交往（Grazzani et al., 2016）。因此，如果你对儿童使用更多的情绪词汇，与他们谈论个人的情绪，并帮助他们理解他人的情绪，便可以帮助儿童了解情绪，并更多地表现出对他人的关爱行为。

显而易见，学习情绪词汇的儿童会更容易识别他人的情绪，而识别和描述情绪是强大的情绪和社交工具。

开始学习如何自我调控

成人照护者的一项重要工作就是帮助婴幼儿学习如何自我调控，管理强烈的情绪和行为。在生命最初的三年里，儿童学习如何表达情绪而不是崩溃，能在成人的帮助下让自己平静下来，耐心地等待食物、饮品、尿布和他人的关注。这一切都需要成人的投入和敏感，给予始终如一、温和的支持。在儿童早期，自我调控与有同情心的成人的共同调控息息相关（Gillespie, 2015），即当成人支持儿童的自我调控时，就会出现共同调控。在你的帮助下，婴幼儿能够学习各种策略，以健康的方式控制自己，表达自己的感受。例如，当你抱着一个5个月大的哭哭啼啼的婴儿并想帮助他时，他便知道可以相信成人会支持他，这有助于他学会如何调控强烈的痛苦感。

感到悲伤的学步儿需要成人来帮助自己表达担忧的情绪。当你提供一个安全的包围圈并拥抱他时,他会感到放心,感到自己不是孤独的,知道成人会帮助他控制强烈的情绪。为了让他们重获平静,成人可以在房间里为他们创造一个安全、舒适、安静的区域,他们可以自选区域,翻阅书本或静静地躺在床上看天上的星星,感到苦恼的儿童还可以通过拥抱可清洗的毛绒动物玩偶得到安抚。虽然成人往往希望年幼的儿童学会自我调控,但其实共同调控贯穿人的一生,即使是成人,在遇到困难情绪时也会求助于自己信任的人。

帮助0—3岁婴幼儿发展自我调控技能,将有助于其未来的身体健康、社会交往和学业成功(Moffitt et al., 2011)。例如,如果他们进入幼儿园后,经常通过发脾气和打人来表达愤怒,那么他们就会在社交和学业上面临挑战。当你抚慰0—3岁婴幼儿的痛苦,帮助他们学习表达情绪的语言时,其实正是帮助他们建立一套坚固可靠的自我调控技能工具包。

情绪挑战:陌生人和分离焦虑

8个月大的詹戈在陌生人偷看他的婴儿车时会尖叫,他正在经历陌生人焦虑。

基娅拉的父亲在家庭托儿所的门口亲了她一下,并愉快地说再见,但11个月大的基娅拉仍然紧紧地抱着父亲的腿。教师意识到她正在经历分离焦虑,于是蹲了下来,这样她就可以看到基娅拉的脸。她说:"你好,基娅拉!我知道有时候很难和爸爸说再见,我今天很高兴见到你,你能帮我喂沙鼠吗?这是它的食物,太谢谢你了,基娅拉。"接着,她拉着基娅拉的手,慢慢地走进教室。基娅拉转身向她的爸爸挥手告别。

0—3岁婴幼儿一般存在两种类型的焦虑——陌生人焦虑和分离焦虑，它们出现在8—18个月的阶段。当儿童经历陌生人焦虑时，他们会在陌生人面前表现出痛苦；当儿童经历分离焦虑时，他们会在与亲人分离时变得焦虑。

成人应安慰感到焦虑的儿童，同时意识到这两种类型的焦虑代表儿童发展的新阶段。教师可以鼓励正在经历分离焦虑的学步儿的家长，制定一个特殊的日常作息安排，通常是在说再见时使用。日常作息安排可能包括：学步儿在教室里给父母看一些特别的东西，父母说"再见，你在睡醒后会见到我"，然后父母在和儿童拥抱后离开。当父母离开时，他们在情感上与儿童是在一起的。

当年龄较大的婴幼儿经历陌生人焦虑时，可以逐渐向他介绍陌生人。你可以先和陌生人交谈，让婴幼儿看到你并不感到害怕。如果婴幼儿看到你和陌生人互相微笑，那么他将对陌生人的出现感到更为安全。需要解释的是，成人不应该只期望护着婴幼儿，而不给他们认识陌生人的机会。成人应尊重儿童需要一定的时间才能对陌生人的出现感到舒适。

作为一名婴幼儿教师，你是一个充满爱心的养育者，能帮助每个儿童感到无比自信、被称赞和被欣赏。这种基础会让每个儿童都感到被珍惜，并与他人分享爱和情感。

本章涉及的NAEYC早期教育项目标准和话题	标准1：关系 1.F　促进自律 标准2：课程 2.A　基本特征 2.B　社会性和情感发展

第四章

归属感及同伴交往的奇迹

所有的儿童都是社会人,在成长的过程中,0—3岁婴幼儿通常会对彼此表现出极大的兴趣,并喜欢与对方在一起。婴幼儿发展中的社交技能导致他们经常会发生冲突,但在父母与教师的关爱和支持下,他们会逐渐成为有能力的社会人。

在生命最初的三年里,儿童能够:
- 在群体中培养归属感;
- 学习如何与同伴互动,并开始发展友谊;
- 学习亲社会技能。

归属感的发展

0—3岁婴幼儿需要在群体中有归属感,即感到自己受欢迎、被喜爱和被赞赏。对所有人来说,归属感是仅次于食物、安全、保护和住所的需求(Maslow, 1987)。如果儿童感到自己是安全、充满爱和被珍惜的社区成员,那么他们就可以自由地与他人建立积极的关系,并沉浸于探索世界。

在参与满足自身和其他儿童需求的项目中,学步儿逐渐意识到自己独立于他人,并理解"我"和"我们"之间的差异(McMullen et al., 2009)。他们开始考虑"他人"以及自己的需求和愿望,尽管后者在学步儿中更为常见!

当儿童体验到一个专门为互动和关系设计的环境时，他们会有一种归属感。如果把一个婴儿放在地板上，而且他的旁边有一个同伴，那么他俩就可以轻轻地接触、倾听，并看到彼此；而学步儿喜欢有抱枕的舒适区域，可以让两三个学步儿聚在一起，他们会躲在大的敞口箱子里，吸引其他人来玩社会交往游戏，兴奋地追逐泡泡，和教师一起唱一首关于其名字的或主题对其而言很重要的歌曲。为了支持儿童发展归属感，当他们长大一点后，尽量让他们聚在一起，这被称为"群体的连续性"。

学习同伴交往并建立友谊

在生命最初的三年里，儿童从观看同伴游戏、在同伴的一旁游戏，发展到愉快地模仿同伴在枕头上跳来跳去，再到与同伴一起铺设铁轨。他们起初与同伴一起笑，向其展示玩具，到3岁时与同伴分别假装婴儿和父母。对成人而言，安排环境来鼓励儿童互动，支持儿童努力与他人建立关系，对儿童早期的社会性发展至关重要。

享受并与同伴在一起

月龄较大的婴幼儿可能会在同伴旁边玩耍，似乎对另一个儿童毫不在意。米尔德雷德·帕顿（Mildred Parten, 1932）将这种游戏称为"平行游戏"。在进行平行游戏时，儿童可能很关注彼此，当一个儿童起身离开时，另一个儿童也可能起身离开，当一个儿童把玩具掉在地上时，另一个儿童可能会把它捡起来，他们会互相模仿和微笑（Wittmer & Clauson, 2018）。

学步儿在游戏时的同伴互动被视作学步儿的社交"风格"（Lokken, 2000）。这种风格包括学步儿用身体相互接触、跟随、模仿、奔跑、追逐和躲猫猫。洛肯（Lokken）通过观察注意到，学步儿会用自己的身体进

行对话(动觉对话),而不是通过语言进行对话。他们也喜欢"欢乐合唱团",他们会一起欢笑,玩得很开心。

成人应学会观察学步儿的社交风格、动觉对话以及在欢乐时光中闪闪发亮的眼睛。如果这种社交方式没有发生,那么为什么没有发生?学步儿在过程中是否过于受控制?他们是否有足够的时间在有趣的环境中游戏?教师喜欢和儿童一起玩吗?

发展与同伴的友谊

儿童早就开始与他人建立联系并与某些同伴优先发展关系。儿童在1岁时就开始表现出交友行为,与某些同伴进行不同的接触,并更频繁地寻找他们(Howes, 1996)。学步儿也更容易对同伴(Howes, 1996)表现出的痛苦做出回应,甚至可能在朋友离开他们的房间或机构时感到悲伤。

希恩(Shin, 2010)在纽约市的一家儿童保育中心观察了两名学步儿,重点关注他们之间发展的友谊:

> 14个月大的埃米莉经常拥抱和亲吻13个月大的凯蒂,埃米莉走到凯蒂面前,坐在地板上,并且坐在凯蒂的正前方。埃

米莉跟凯蒂打招呼,凯蒂也跟埃米莉打招呼。两个女孩都笑了,埃米莉紧紧地拥抱凯蒂,整个下午她都在反复叫凯蒂的名字。

在从公园回到教室的路上,凯蒂开始感到烦躁。埃米莉指着坐在对面的婴儿车里的凯蒂,轻轻地抚摩她的身体。埃米莉把手伸进背包,拿出一张纸巾,试着帮凯蒂擦鼻涕。

"互惠/交互性"描述了凯蒂和埃米莉之间的互动,尽管这两个女孩的年龄很小,但她们总能找到安慰彼此的方法。

友善的学步儿经常表现出友好的行为,他们可能会期待,当一个人发起游戏时,另一个同伴会做出回应,当一个人打招呼时,另一个同伴也会打招呼,并可能会给对方一个拥抱。他们彼此有互动和感情。

成人要给儿童时间和空间来创造游戏,让他们用特有的方式互动,如彼此模仿、追逐、给对方玩具、并排坐等。随着年龄的增长和搬进不同的教室,让儿童聚在一起,保持群体的连续性,对促进友谊非常重要。

学习亲社会技能

与他人相处和无私行动将伴随人的一生,但儿童很早就学会相关的技能和其他社交技能。早期的亲社会情感(如善良和友善),以及帮助、安慰和轮流的技能在生命的前三年中得到发展。那些接受温柔照护的婴儿会成长为对他人温柔的学步儿。

发展助人行为

月龄较大的婴幼儿希望当自己在完成任务的过程中遇到困难时,教师能给予帮助。在一项研究中,9—18个月大的婴幼儿看到一个视频中的角色因路障而无法到达目的地,另一个角色能够到达目的地。当一个帮助者进入画面时,儿童会更长时间地注视着需要帮助的场景。研究人员得出结论,儿童希望成人能够帮助需要帮助的人(Köster et al., 2016)。婴幼儿可能会看着你,期待你帮助哭泣的或需要帮助的同伴,这有助于培养他们乐于助人和关心他人的品质。当他们看到你对其他儿童友善且乐于助人时,他们很可能会将你作为他们的榜样(Holvoet et al., 2016)。

即使是婴儿也更喜欢亲社会(如提供帮助和给予)的人,而不是反社会(如阻碍和索取)的人。例如,5个月大的婴儿观看木偶表演:木偶 A 帮助木偶 B 打开盒子,而几分钟后木偶 C 进行阻止,而不是帮助试图关闭盒子的木偶 B。当有机会选择木偶 A 或木偶 C 时,即使年龄非常小的婴儿也会伸手拿乐于助人的木偶(Kiley Hamlin & Wynn, 2011)。

学步儿经常想帮助别人。在一项研究中,12—18个月大的儿童通过指着一个危险的、令人厌恶的物体来警示成人(Knudsen & Liszkowski, 2013)。学步儿可能会拿玩具给哭闹的儿童,或者在同伴感到苦恼时向教师寻求帮助。他们可能会模仿从你身上看到的安慰行为,轻轻拍一个痛苦的学步儿的后背。

两个学步儿——曼努埃尔和凯莱布在外面玩耍,凯莱布在操场边的甬道上骑三轮车,曼努埃尔注意到一个纸箱就在凯莱布骑车的路上,于是在凯莱布骑三轮车转过弯道前,曼努埃尔飞快地跑过去移走箱子。

成人应为学步儿提供互相帮助的机会。例如,如果学步儿需要搬运操场上的两个牛奶箱,那么你可以鼓励他向其他人寻求帮助。

学步儿更有可能帮助那些令他们感到同情的其他学步儿(Hepach, Vaish, & Tomasello, 2013)。为了培养同情心和鼓励助人行为,你可以对学步儿说:"看,梅在哭,她很伤心,我们能做些什么来帮助她感觉好一点？"

以下是教婴幼儿帮助他人的方法。

- 当一名儿童正在努力完成一项任务或感到痛苦时，鼓励学步儿从这名儿童的角度思考问题，并提供帮助。
- 提醒儿童注意其他人的情绪表达（例如看起来很沮丧），这样他们就可以在另一个人需要帮助时学习。
- 与儿童一起解决问题，寻找帮助另一个儿童的简单方法。
- 不断示范帮助行为，并谈论你为什么和如何帮助一位配班教师或一个孩子。

发展同理心

同理心包括理解他人的想法和感受，并以关心和关切来回应（Bloom，2017）。当一名婴儿哭的时候，另一名婴儿可能也会哭，这种"传染"可能会让人感觉婴儿室里一片混乱。有时，当听到一个婴儿悲伤哭泣时，另一个婴儿可能会吮吸自己的拇指，而不是哭泣。我们可以将这些行为视为婴儿发展同理心，并学习亲社会技能的开端。当教师安慰雷希德时，她可以用温柔的语气对泰莎说："你听，雷希德哭了。听到别人哭很难受，是吗？我会帮助他冷静下来，让他感觉更好。"

月龄较大的婴幼儿能够表现出对他人的关心（Roth-Hanania, Davidov, & Zahn-Waxler, 2011）。以下是麦克马伦及其同事（McMullen et al., 2009）观察到的婴幼儿间的友善行为。

孩子们在大肌肉运动区里玩耍，蹒跚学步的罗茜需要擦鼻子，我们之所以会注意到这一点，是因为蹒跚学步的玛蒂尔达走到了纸巾盒前，拿出了一张纸巾，走到罗茜的面前，用纸巾擦了擦她的脸，却把她的脸弄得乱七八糟！

成人应欣赏儿童为了互相帮助而付出的努力,在这种情况下,教师可能会说:"谢谢你,玛蒂尔达!你注意到罗茜流鼻涕了,你真的想帮助罗茜,让她感觉更好。"

许多2—3岁儿童在意外伤害同伴后会惊慌失措,如果他们能够帮助修复伤害,那么他们的痛苦就会减轻(Hepach,Vaish,& Tomasello,2017)。在可能的情况下,当你试图安慰一个痛苦的孩子时,可以让学步儿作为帮手。

学习如何分享和轮流

学步儿在听故事时,可能会在你旁边的地板上共享一个小空间。然而,让他们分享材料、玩具和食物会更加困难,因为他们正在学习"所有权、占有、我的、你的、轮流、分享"等概念之间的区别。学步儿试图理解的问题或困惑,主要包括以下内容:

> 一个人什么时候能拥有一个玩具(比如三轮车)或只是暂时拥有它?
> 我能拥有一个玩具多长时间?
> 如果我放下一个玩具,去窗边往外看,那么当我回来时,这个玩具还是我的吗?
> 如果我把玩具给了别人,但后来又想要回来,那么对方不应该把玩具还给我吗?
> 如果我离开搭好的积木去吃零食,那么我怎么能确定没有人会碰我的积木呢?

婴幼儿在学习分享前应先学习轮流,这就是资源的分配。分享是指一个人拥有两辆车,并将其中一辆送给朋友,而轮流是当一个人玩一个玩具,然后把它交给另一个人时,那么就轮到这个人玩玩具了。成人应鼓励儿童轮流玩玩具或使用空间,也要鼓励坚持和专注。如果一个婴儿正在专注于探索一个玩具，那么不要期望他在玩完玩具前轮流。如果一个学步儿正在玩一个卡车或玩偶，那么他就在使用那个玩具。在这个游戏情节中，他不应该被期望轮流或分享玩具。你可以鼓励想要玩的儿童找到另一个卡车或玩偶，也可以让他等另一个儿童玩完玩具。通过这种方式，你可以鼓励同伴建立社会关系。

防止冲突的一种方法是，在教室里提供多个相同或相似的玩具，这样儿童就可以拥有自己的玩具，但这并不能解决所有的问题，有时你需要做出关于分享的微妙决定。当两个学步儿因为一个玩具发生冲突时，你可以为第二个学步儿提供类似的玩具，供他探究或使用。

马丁非常想要卡里姆手里的大娃娃，虽然他的手里也有一个洋娃娃。当卡里姆摆弄娃娃时，他手中的娃娃看起来更吸引人。教师注意到马丁脸上的表情和他向卡里姆移动的动作。她蹲下来，让马丁看到她的脸，然后平静地说："卡里姆在玩洋娃娃，他正在喂洋娃娃，你想要一个瓶子来喂你的宝宝吗？我在这里看到一个瓶子，我们去拿另一个瓶子吧。"

学步儿正在发展分享能力。乌尔伯等人（Ulber，Hamann，& Tomasello）在观察了18—24个月大的婴幼儿后，得出结论："婴幼儿在分配资源时并不自私，而是相当慷慨。"（2015，p. 228）研究人员为两两一组的学步儿各提供了一个盒子，盒子里有4个玩具，学步儿在44%的时间里平均分享玩具，在37%的时间里不平均分享玩具，而在19%的时间里完全不分享玩具。

促进亲社会行为的发展

教师需要成为婴幼儿的亲社会行为的探测者，欣赏、注意并鼓励他们使用帮助、保护、安慰等利他行为，评论这些行为及其影响："谢谢你，你帮助了怀亚特，他现在看起来很高兴。"当你期待、观察并支持婴幼儿的亲社会行为时，教室里的氛围会从消极变为积极。

你需要帮助婴幼儿理解他人的感受，并用语言表达你对他们的共情，以帮助他们感到被理解。如果你说"我知道你对今天不能出门感到很悲伤，外面的雨很大，你希望雨能停，那样我们就能出去了"，那么你的话有助于安慰婴幼儿，并帮助他们学习如何与他人共情。

示范亲社会行为是帮助儿童掌握亲社会技能的关键。婴幼儿是优秀的模仿者，你现在的行为方式会影响到他们未来的样子。在一项研究中，16个月大的学步儿在观看成人帮助或不帮助他人后，会面临他人需要帮助的情况（Schuhmacher，Köster，& Kärtner，2018）。在这种情况下，那些观察到成人帮助行为的儿童更有可能为他人提供帮助。如果你能始终如一地为儿童示范善良、帮助和关爱的行为，那么你将在机构中创造一种充满关爱的文化（Quann & Wien，2006；Wittmer & Clauson，2018）。

帮助儿童处理冲突

在月龄较大的婴幼儿中,冲突很常见。通常当儿童开始探索时,冲突就开始了。其他学步儿手里的玩具看起来比地板上的玩具更有吸引力。一个学步儿可能会从另一个学步儿手中抢走有吸引力的玩具。当一个儿童感到另一个儿童闯入他的空间时,冲突也会发生。

这个年龄段的婴幼儿需要你的帮助,才能将冲突转化为学习机会(Wittmer & Clauson,2018)。婴幼儿正在学习如何控制他们的行为,使用语言来表达他们的需求并解决问题,你的目标是帮助他们学习合作和谈判技巧,以防止冲突和解决冲突。你经常需要思考的是:两个卷入冲突的婴幼儿如何才能恢复和谐?

以下是一些解决学步儿冲突的策略,能够帮助他们学习情感和社交技能,以便他们能够与同龄人建立并维持愉快的关系。要努力与学步儿一起解决问题,而不是为学步儿解决问题(Gloeckler & Cassell,2012)。

- 靠近儿童,观察他们如何处理冲突。为了避免儿童受到伤害或极度不安,迅速采取干预措施是极具诱惑力的,但适当的等待会给儿童一个自己解决冲突的机会。
- 安慰并评论每名儿童的感受,"你似乎感到担忧"或"我可以看出你感到愤怒"。你正在帮助儿童学习用语言来表达自己的感受,并从其他儿童的角度来看待问题。
- 帮助儿童用语言(或手语)来表达自己的感受。随着时间的推移,他们将开始自己使用这些语言。
- 让学步儿告诉你,他们想要什么。许多学步儿一开始无法做到这一点。如果他们无法解释,你可以尽可能地陈述问题,评论每名儿童的目标,给出你最合理的猜测。"达桑特,你想玩这个球。纳撒尼尔,你也想玩这个球。你们俩都想玩这个球。"
- 可以询问:"你能做些什么来解决这个问题?"许多学步儿一开始无法想出解决方案,如果他们无法提供建立牢固关系的方法,请给他们一些选择,比如:
  - 把球来回滚给对方。
  - 轮流试着把球扔进篮子里。
  - 每人拿着球一分钟,我来计时。
  - 我们可以找到另一个球,这样你们可以各玩一个球。
- 问问他们想做什么。虽然上文中列出了许多选项,但通常只给儿童两个选择,并为他们示范这些选择。
- 如果一个学步儿正专注于一项任务,而另一个学步儿打断了他,那么请打断游戏的学步儿往后站,先观察,然后问自己是否能玩。如果正在游戏的学步儿说"不",那么可以让第二个学步儿等到第一个学步儿完成任务。记住,你希望能支持学步儿专注地完成任务。

社会挑战:同伴拒绝、退缩和攻击

经常表现出攻击性行为的学步儿,更容易被同伴忽视或拒绝。其他学步儿在感到害怕或不确定自身能力时,可能会回避接触。这些婴幼儿一般需要你的帮助,随着年龄的增长,他们比更友善的同伴更有可能继续经历社会挑战。你可以观察和记录儿童的行为,思考一些可以尝试的选项,并与儿童的家人一起制订帮助计划。例如,你可能会让一个从其他儿童团体中退出或被他人拒绝的儿童在你的身边待一段时间,以帮助他进入团体游戏。你可以与儿童进行多次有回应性的轮流对话,让他学会如何轮流并向他表达爱意,帮助他感到安全和有保障,这样他在与他人一起冒险时,就会开始感到舒适。你可以提供儿童最喜欢的材料(比如肥皂泡），让他们与同伴一起分享。

  学步儿艾娃拿起一个用来敲击木琴的玩具锤。当她在房间里走来走去，敲打家具、窗户时，其他学步儿迅速走开了。有时艾娃经常打他们，他们经常避开艾娃，不跟她一起玩。瓦莱里娅教师决心帮助房间里的儿童，她把艾娃看作一个助手，而不是一个伤害他人的人。在其他教师和艾娃家人的支持下，瓦莱里娅为所有成人制定了一些措施，以解决他们看到的问题行为。

- 每个人都在不同的环境中观察艾娃，并讨论观察到的情况。成人注意到，艾娃在被其他儿童挤到时会打人。
- 所有的成人都试图对艾娃做出更积极的回应，帮助她信任成人，学习轮流和互动的技巧。他们发现在艾娃难过时，有些行为能够安抚她（比如轻轻地拍她的后背），并用这种技巧帮助她平静下来，表达自己的需求。
- 一位教师在艾娃的身边，帮助她用语言来表达自己的感受，而不是打击她。这有时意味着需要给艾娃提供一些词汇，让她尝试使用这些词汇。
- 教师们注意到艾娃的亲社会行为，给予她很多帮助其他儿童的机会，比如给哭泣的儿童拿纸巾，或者做发放零食的帮手。教师们对艾娃特有的亲社会行为进行评论，这样其他儿童就可以将艾娃视为一个好帮手。

所有的婴幼儿都需要你的帮助——创造有助于同伴交往的环境和机会。在这些至关重要的年龄阶段，被其他儿童拒绝、回避或中途退出的儿童需要你的特别指导（Fox et al.，2013；Kiel，Premo，& Buss，2016）。

本章涉及的 NAEYC 早期教育 项目标准和话题	**标准1：关系** 1.C　帮助儿童交朋友 **标准2：课程** 2.A　基本特征 2.B　社会性和情感发展

第五章

学习交流的奇迹

非言语和言语交流是儿童产生归属感和学会生存的一种方式。使用肢体动作、面部表情、手势、文字、手语和口语进行交流，有助于儿童了解他们的需求和愿望，并给他们带来快乐和充分的满足感。此外，当儿童倾听并理解他人的感受时，他们就开始了解他人的需求——这是一项至关重要的社交技能。沟通能力使婴幼儿能够彼此建立紧密的联系，并表现他们独特的个性。婴幼儿正在发展他们的接受性（理解）和表达性（他们所能使用的任何方式）语言技能。

学习接受性语言技能

婴幼儿明白的比他们能说的要多得多。婴儿来到这个世界就准备好学习他们听到的任何语言。他们可以区分世界各地的声音（音素）。到6个月大时，他们会仔细听他们每天听到的语言，并模仿这些声音（Kuhl, 2007）。在他们生命的第一年里，当成人与他们交谈和唱歌时，儿童就在学习语言的模式，例如声音和单词之间的搭配（Hay et al., 2011）。例如，当儿童听到很多语言后，他们会认为单词"the"（这个/那个）后面应该跟一个事物而不是一个动作。0—3岁婴幼儿在倾听时会理解他们母语中的这些规则或模式，并与他们最喜欢的成人进行语言互动。

到1岁时，儿童明白的仍然比他们能说的要多得多。在一项研究中，一个12个月大的婴儿观看两名研究人员分别玩自己的球，然后她们把两个球都藏起来。当一个研究人员对婴儿说"把我的球拿过来"（Get my ball）时，婴儿会取回该研究人员所玩的球。当研究人员对婴儿说"把球拿过来"（Get the ball）时，婴儿会取回两个球中的任意一个球。这些婴幼儿明白，当成人使用"我的"（my）时，成人想要的是她一直玩的球（Saylor，Ganea，& Vázquez，2011）。这些婴儿已经学会了语言的微妙差异。

当你问"谁饿了"时，婴幼儿可能会直接奔向他在餐桌旁的椅子。随着儿童长大，他们会理解更复杂的指令。例如，他们可能明白"请把你的鞋子和外套拿来，我们要去外面了"等话语。你需要仔细观察月龄较大的婴幼儿的接受性语言，因为他们理解的通常比他们说的更多。如果婴幼儿不能遵循两个连续的指令，那么请与他们的家人交流，并建议让专家检查婴幼儿的听力。

学习词汇和词义

在生命最初的三年里，儿童能够学会理解和表达大量的单词（词汇）。他们还能够学习许多单词的含义（语义）。儿童能够理解和使用的单词的数量很重要。词汇量更大的儿童在24个月时更有可能在托儿所里更好地学习，并表现出更好的行为控制能力（Morgan et al.，2015）。

在以下情境中，儿童能学习更多的词语。

> 成人能用语言来回应儿童的手势、声音和话语。
> 他们有机会发出声音，并与认真倾听的成人交谈。
> 他们在吃饭或玩耍时会听到很多的单词。

例如，当你们都跺着脚走到操场上，或儿童穿着靴子在泥里跺脚时，说出"跺脚"这个词。

当你做下列事情时,婴幼儿更容易学习单词。

- 说话时,使用引导儿童注意力的手势(de Villiers Rader & Zukow-Goldring,2012),例如指向一个人或物体,然后说出名称。
- 看看儿童看向哪里,然后说出物体或人的名称。
- 做一个"慷慨的词语提供者"(Honig,2001,p. 31),描述儿童的行为和感受。
- 通过添加一两个词来扩展儿童的语言(例如,儿童说"小鸟",当你回应时,你可以增加词语和意义——"小鸟在飞"。)
- 使用自言自语的策略——当你做某事的时候,说一说你正在做的事情。
- 使用平行谈话的策略——谈论儿童在做什么。

这些策略都为你和儿童的共同关注(分享你们互相倾听的时光)创造了机会。

共同关注的重要性

帕德玛（只有1岁）用食指指着户外游戏区栅栏边的小狗。她指着狗，然后抬头看着教师，看看她是否正在看着小狗。教师看着帕德玛所指的地方，惊呼道："哦，一只小狗！"教师和帕德玛分享了共同关注的美好时刻。

1岁儿童常常会用手指着，让成人看一个他们感兴趣的物体。他们有时带着好奇看向你，希望你说出物体、人或动物的名称。这种共同关注很重要。它是相互联系的信号，让你有机会使用描述性语言，与儿童交谈并分享喜悦的时刻。共同关注也有益于年龄较大的儿童。如果一个学步儿跑到窗前，看到一辆轰隆隆的卡车经过，那么请和他一起站在窗前往外看。你们的共同注意能够支持儿童发展注意力和语言。反思一下你花了多少时间来陪伴儿童，问问自己："我们今天有多少共同关注的经历？"

学习表达性语言技能

对于3岁以下的儿童来说，最重要的内容是：学习物体、人物和动作的名称；说出这些词语或对它们做记号；将单词组合到一起，以交流更复杂的想法。然而，在婴儿学习词语之前，他们会哭泣、咕咕叫、发出嘶哑的声音、咿呀学语并用手势进行交流。

婴儿通过哭泣来表达他们的痛苦。年龄较小的婴儿能发出咕咕声，年龄较大的婴儿能够咿呀学语（发出"ma""ba""da"等音）。后来，他们通过将音节串在一起（说"ma-ma""da-da""ba-ba"等）来学习说话。年龄较小的学步儿开始使用语言进行交流。通常，儿童能够在1岁时说出第一个单词，也有些儿童在1岁时已经学会使用几个单词了。

学步儿经常会急切而含混不清地说话，听起来他们像提问或告诉你一些超级重要的事情，但你无法理解他们在说什么。他们把很多声音组合在一起，通常特别强调某个声音。他们甚至可能把手放在自己的屁股上，然后喋喋不休，好像他们在告诉你世界上最重要的信息。如果他们看起来像用疑问的语调索要什么，你可以说："给我看看你想要什么。"如果你点头说"这真是一个好故事，谢谢你告诉我"，那么很多儿童会感到满足。当你尝试对儿童的交流做出回应时，即使你不完全理解他们在说什么，你也能支持他们产生交流的意愿。

当你听到年幼的学步儿说越来越多的词时，他们经常会在你热情地回应时笑起来。回应婴幼儿的沟通请求，有助于他们感觉自己是一个有效的沟通者。当1岁儿童说"小狗"时，你可以在他的话的基础上，回复"是的，一只好狗""棕色狗"或"狗在跑"等内容。你的回应能够鼓励儿童继续交流和学习新的词汇。

到18个月大时，学步儿开始将几个单词组合在一起并创造句子。他们很快就会说含有两个词的句子，例如"爸爸再见""我睡觉"和"我跑"。2岁儿童可能会把几个词组合在一起，比如"把它放在这里"。

你会注意到2岁多的学步儿如何学习对单词（语法）进行合理的排序。他们此时已经意识到"Eat kitty"（吃小猫）的说法是不对的，应该先说名词（小猫）再说动作（吃），即"Kitty eat"（小猫吃）。学步儿也会在单词（语素）中添加前缀和后缀。你会听到他们在单词中添加"-ing"（表示进行时态），比如"Me jumping"（我正在跳）。他们会添加"-s"（表示复数），比如"balls"（球）和"cows"（奶牛）。他们还会添加"-ed"（表示过去时态），如"I jumped"（我跳了）。听到儿童给单词加后缀是令人兴奋的。你可以与儿童的家人分享你的兴奋，从而让每个人都庆祝儿童在语言方面的显著发展。

当儿童说"I runned"（我跑了）之类的话时，他们试图应用自己学过的语言规则（Brown，1973）。2岁儿童能学着使用动词的过去式来表达发生过的事情。很多儿童认为，当他们想谈论过去时，他们应该在所有动词的末尾都添加"-ed"。他们可能会说"sanged"（唱了）、"ranned"（跑了）、"sawed"（看了）。因为这些是儿童不会听到的词（其语法有明显的错误），所以可以证明他们不只是鹦鹉学舌。他们正通过在语言丰富的环境中倾听，并与细心的成人进行对话，弄清楚语言的规则。

很快，当你为儿童示范如何讲话时，他们将学会使用规则的特殊情况，如"sang""ran""saw"（指动词过去式的不规则变化）。如果他们说"sanged"，你可以为他们示范语言的正确用法，比如"Yes，you sang a song"（是的，你唱了一首歌）。直接纠正儿童说"不，我们说'sang'，而不是'sanged'"，可能会导致他们停止与你交流。儿童会在你的示范、有意义的对话中学习语言的正确使用规则。

每个儿童都会发展出"独特的、富有表现力的话语"（Mayor & Plunkett，2014）。你永远不知道儿童将会说出什么。1岁的儿童看到我们吃东西，也想尝一口时，可能会说"咬"，这可能会让我们吓一跳。近3岁的儿童可能会问："我为什么要踢墙？"儿童富有表现力的独特话语可以帮助你更好地了解每个儿童，并且感受其语言的萌芽。

学习语用学

婴幼儿也在学习语用学，或如何在不同的社交场合中使用语言。年龄稍大的婴幼儿知道他们可以用语言来描述、要求、询问、请求、陈述事实，并表达他们的感受（如爱、担忧和不悦）。当他们为不同的目的使用文字时，他们感觉自己是强大的沟通者，尤其是当你对他们进行回应的时候。

控制音量对年幼的儿童来说是一项挑战。儿童需要在一些环境中保持安静，例如其他儿童正在小憩时。学步儿在这样的场景中很难忍住不大喊大叫——毕竟他们在游戏场上总是尽可能地大叫！他们刚开始学习如何在不同的社交场合中调整声音和语言。学会小声说话对儿童来说是一项具有挑战性的任务。你需要耐心地示范如何使用不同的语言。婴幼儿将逐渐了解他们的家人和文化倡导在不同的场景中如何使用语言。

学习韵律或语言的音乐性

1岁的阿约指着他的杯子说："杯子？"教师也指着杯子说："是的，杯子。它是一个红色的杯子。"几个月后，阿约用询问的语气说："杯子？"教师指着一个阿约够不到的杯子回答说："是的，这里有一个杯子。"然后阿约用坚持的语气重复："杯子。"教师说："哦，你想要杯子，就在这里。"然后教师把杯子递给他。

你需要倾听、理解和欣赏婴幼儿用不同的音调做出的情感表达。婴儿的哭声可能表示疼痛、饥饿或需要关注。学步儿能够表达很多情绪——快乐、悲伤、沮丧、要求或恐惧。当你明确儿童的情绪并进行回应

时（如"你好像肚子很饿""你又看到毛毛虫了，你很兴奋"），你就在帮助儿童调节他们的情绪。你敏感的调节行为创造了与儿童产生情感联系的时刻，并有助于与其建立良好的关系。

婴幼儿也会对你的语调做出反应。5个月大的婴儿会用微笑对赞成的声音做出反应，用痛苦的表现对不赞成的声音做出反应（Fernald，1993）。对于婴幼儿来说，你说什么和怎么说都很重要。

学习两种及以上语言

婴幼儿可能会同时学习两种或多种语言（包括手语）。当他们这样做时，他们的思维能力就会得到提高。学习两种及以上语言的婴幼儿能够更好地记住并规范他们的行为（Crivello et al., 2016）。正在学习两种语言的儿童必须经常依据情景在两个词［例如，ball（球）或 pelota（西班牙回力球）］之间进行选择。这需要专注和灵活的思维。双语学习者的大脑会变得更灵活，比单语学习者的大脑更有效率（Kluger, 2013）。

同时学习两种语言不会阻碍婴幼儿的语言发展。同时学习两种语言的婴幼儿通常理解的比他们说的多得多。他们在每种语言中使用的单词可能比学习一种语言的儿童少，然而他们表达的词语数量是一样的（Poulin-Dubois et al., 2013）。每种语言的词汇量取决于儿童听到每种语言的时间长短。接触更多的语言会让儿童掌握更多的语言（Poulin-Dubois et al., 2013）。

你可以通过以下方式支持婴幼儿学习一两种或多种语言。

> 鼓励家长用他们的母语与儿童对话（如果他们愿意）。

> 与儿童面对面地进行交往和互动。研究表明，婴幼儿不能通过观看、收听录音、录像来学习语音和文字（Kuhl, Tsao, & Liu, 2003）。

- 在机构中，学习和使用在儿童的母语中有意义的单词。
- 对于机构中学习新语言的儿童，志愿者可以用其母语来阅读绘本和与其对话。

学习手语

许多家长和教师使用手语来教授有听力障碍的婴儿、学步儿和其他儿童。那些向听力良好的婴儿教授手语的人，通常认为学习手语可以促进儿童口头语言的发展。然而，一项对9—18个月大的婴幼儿的研究发现，学习手语确实不会帮助或阻碍没有听力障碍的儿童的语言发展（Seal & Depaolis, 2014）。

儿童学习手语具有其他的好处。一项对40个8—20个月大的婴儿的跟踪研究发现，学习手语的儿童的母亲对孩子的非言语暗示更敏感。当一个11个月大的婴儿在会说"吃"之前就能够做出吃的手势时，成人往往会惊讶于婴儿能够思考事物并索求它。从这个角度来说，婴儿学习手语的一个好处可能是成人能够感受到婴儿的思想意识（Kirk et al., 2013），知道并尊重婴儿的思考。这种想法可以鼓励儿童和成人之间建立更深层次的情感联系，并使成人有意识地说出更多成熟的语言。

此外，当婴幼儿试图表达自己的饥饿、口渴或疲倦，但还不能用语言传达时，手语有助于减少他们的挫折感。他们在生命的早期就能感觉到自己是一个强大的沟通者。

促进儿童的语言发展

当你讲一些物品的名称时，你可以通过指点、展示这些物品来帮助儿童注意到它们。你需要和儿童都感受到共同注意，即同时注意同一个物品。共同注意包括观察儿童所做的事，指出儿童的行为，说出儿童关注的物品的名称。以下是一些可以帮助婴幼儿学习新词语的策略：

- 使用父母语或儿童导向的对话；
- 积极回应；
- 询问有意义的问题；
- 在日常生活中谈话；
- 读故事和唱儿歌。

父母语

父母语，即面向儿童的语言，指的是很多成人在与婴幼儿对话时使用的语言。当成人使用父母语时，他们会重复单词，使用更高的语调、更短的句子，并使用小词，例如用"piggie"（小猪）代替"pig"（猪）。他们还会夸张地表达词语，并在说词时使用不同的语调。富于情感、音调丰富的语言可以帮助婴幼儿理解语言。在跟婴儿讲话时，全世界的成人都会使用父母语（Ramírez-Esparza，García-Sierra，& Kuhl，2014）。

当成人与婴幼儿一对一互动时，父母语通常更为有效。想象以下场景：

> 婴儿全神贯注地看教师的脸和嘴，教师轻轻抚摸婴儿的脚趾，模仿唱歌的音调夸张地说："我看到你的脚趾了，你的脚趾可真小！"

请注意，成人在反复使用"脚趾"这个词，同时婴儿感觉到自己的脚趾被触摸。父母语还包括等待婴儿用声音回应自己。信任关系随着这种敏感的互动而发展，有助于增加儿童的词汇量。

敏感的发起和回应

> 费利佩蹒蹒跚跚地走向教师卡丽娜,然后说:"Nana(娜娜)。"
>
> 坐在地板上的卡丽娜微笑着说:"嗨,费利佩。Nana,banana(娜娜,香蕉)。"费利佩微笑着说:"Bana(巴娜)。"

成人的回应性是激发儿童语言学习潜力的关键。当你使用一种发起和回应的语言建构技巧(Center on the Developing Child,n.d. b)时,你和婴幼儿进行的互动类似于网球比赛中发生的情况。儿童用声音或词发球,你用声音、描述性词语或拥抱来回球。你也可以提供声音和文字,然后专心地等待儿童回应。这种语言学习策略对儿童和成人来说都很有趣,有助于建立牢固的关系,并通过帮助儿童了解对话的方式来支持其语言学习。

这种回应非常适合0—3岁婴幼儿学习词汇和交流方式。当你加入婴儿咿呀学语的对话中时,婴儿会喋喋不休并使用新的声音(Goldstein & Schwade,2008)。当婴儿说"ba"时,善于回应的成人会看着他的眼睛,温柔地说:"Ba,da。"在几天和几个月里反复听到这些声音后,婴儿可能会重复:"Ba,da。"由于你的热情回应,婴儿能够学会一种新的声音。

当成人回应时,儿童意识到他们可以交流。他们了解到"语言是一种在社交分享中表达自己意图的工具"(Tamis-LeMonda,Kuchirko,& Song,2014,p. 121)。儿童可以从你的行为中感受到他们是有效的沟通者,这是他们学到的最重要的一课。

巧妙提问，增加儿童的语言

为了提高婴幼儿的语言技能，你必须给他们在玩耍和日常生活中说话的时间。如果你用心且合理地提问，儿童也会与你交谈。威特莫和霍尼格（Wittmer & Honig, 1991）观察了100名2—3岁儿童在托育机构中的情况。他们发现，这些儿童在观察时段中百分之百地回答了选择性提问。然而，教师很少提出这类问题。2岁多的学步儿喜欢做真实的选择。例如，当你询问月龄较大的婴儿或学步儿是否想要果汁或牛奶时，你正在促进他们发展自主意识和语言。

通过常规活动来交谈

常规活动是让婴幼儿接触语言并鼓励他们交流的绝佳机会。教师可以利用换尿布和喂食的机会与婴儿进行一对一的互动。例如，当你给婴儿换尿布时，当他举起自己的手时，你可以表现得很惊讶并热情地评论："那是你的手，勒布伦！你的腿在哪里？哦，它们在这儿。"婴儿可能会微笑并踢自己的腿。关于你如何在日常活动和游戏中支持婴幼儿的语言发展，你可以问自己以下问题。

- 你是否在给婴幼儿换尿布和喂食时与他们交谈，让他们有很多表达自己的机会？
- 当学步儿吃零食和午餐时，你是否安排他们一对对地坐在一起，以支持他们的语言发展？
- 你是否在日常生活和玩耍中与所有儿童（无论他们在语言学习的哪个阶段）进行回应性对话？
- 你会描述儿童的游戏吗？例如，你可能会用夸张的语气对试图将一个积木堆叠在另一个积木上的阿梅莉亚说："你正在将一个小积木放在大积木上。"

- 你问的是开放式问题，而不是只有一个答案的封闭式问题吗？开放式问题能够让儿童展开探索，比如：熊的感觉如何？开放式问题没有确定的正确答案。封闭式问题的回答为"是"或"否"，或者只有一个正确答案，比如：这种颜色是什么？
- 你会问一些深思熟虑的问题，让儿童有实际的选择吗？例如，你可能会问一个学步儿：你想和我一起走到门口还是跑回去？真正为学步儿提供选择的问题可以帮助他们建构自主意识和语言。
- 你是否仔细倾听儿童在日常生活中所说的词语和句子，并在轮到你说话时通过添加词语或句子来扩展他们的语言？

读故事和唱歌

当成人向婴幼儿展示图片、命名动物和物体，以及倾听他们兴奋的回应时，书籍会激发婴幼儿的兴趣和语言学习。当你温柔地抱着婴儿、鼓励学步儿依偎在你的身旁阅读时，书籍就成为一种巩固关系的黏合剂。与儿童一起阅读和唱歌非常重要，我们将在第十二章中更多地讨论这个话题。

语言和交流发展的挑战

语言发育迟缓的儿童和自闭症谱系障碍儿童，需要教师对他们的需求做出回应。请记住，每个儿童都是具有独特优势、个性和需求的个体。

语言发育迟缓

家长和教师通常很难知道儿童何时会出现语言发育迟缓。在一项研究中，研究人员认为，在24个月时，男孩能说的词汇量少于10个，女孩能说的词汇量少于17个，都属于说话较晚。被认为2岁时说话较晚的儿童，在5岁时有语言发育迟缓和入学困难的风险（Hammer et al.，2017）。听力测试和额外的语言支持将有益于说话较晚的儿童，除非他们正在学习两种或三种语言。这种支持包括与儿童更多地进行一对一交谈和阅读。你可以使用本章中讨论的策略，与家长密切合作，从而清楚地了解儿童的理解能力和语言使用情况。当地的早期干预计划可以为有语言障碍的5岁以下儿童（包括儿童的家长和教师）提供支持。更多的信息可以在美国国家早期儿童技术支持中心（Early Childhood Technical Assistance Center）的网站上查找。

自闭症谱系障碍

一些语言发育迟缓的儿童也会表现出社交技能和行为方面的障碍。他们可能很少进行眼神交流，对父母的微笑没有反应，难以形成共同注意，一遍又一遍地重复相同的行为，并且难以适应日常生活中的变化（CDC，2019）。医生可能能够识别出有这些表现迹象的儿童和其他患有自闭症谱系障碍的儿童。每个患有自闭症谱系障碍的儿童都有不同的技能、优势和需求。如果你发现有的儿童有自闭症谱系障碍的迹象，请让你的主管人员确定可以与家长共享的资源，以便他们从你所在社区的早期干预服务计划中获得以儿童和家庭为中心的免费评估。早期诊断和帮助很重要。如果你照护的儿童已经被认定患有自闭症谱系障碍，那么他可能会接受早期干预服务。

可在美国疾病控制与预防中心（Centers for Disease Control and Prevention）的网站上查找有关你所在州的早期干预计划的信息，并从美国国家心理健康研究所（National Institute of Mental Health）的网站上获取有关自闭症谱系障碍的其他信息。

有效沟通是3岁以下儿童向你学习的重要技能之一。你对早期语言技能的支持，可确保婴幼儿在学龄前成为更好的语言交流者，并拥有更大的词汇量（Kim，Im，& Kwon，2015）。

本章涉及的 NAEYC 早期教育 项目标准和话题	标准2：课程 2.A　基本特征 2.B　社会性和情感发展 2.E　早期读写

第六章

思考和学习的奇迹

0—3岁婴幼儿不断地吸收、消化和组织各类信息，解决特殊问题的能力与生俱来，同时他们一直渴望学习。

婴幼儿的认知发展（学习、思考与问题解决）涉及：
- 发展学习方式；
- 通过模仿来学习和建立关系；
- 发展执行功能；
- 获得知识、问题解决和创造性行动的能力。

学习方式

儿童对学习环境的反应方式各不相同。有些人愿意冒险，热情地尝试新的体验和材料；有些人倾向于先观察，再慢慢接触。"学习方式"一词描述了这些行为和态度。它包括好奇心、掌控动机和实现目标的策略。

好奇心

好奇心驱动儿童的学习。当受到鼓励和支持时，好奇心会随着婴幼儿的成长而增长。儿童提出的问题，试图解决的问题，以及他们的好奇心，为教师提供了多种支持其学习的机会。

想象一个对新玩具感到好奇的年龄稍大的学步儿，他迫不及待地拿起玩具,并验证它的所有玩法和学习的可能性。如果它是有两个把手的塑料杯,学步儿可能会敲打它,把它倒过来、摇晃它、看看它,然后试着从杯子里喝水。你需要认识到好奇心的重要性,并鼓励儿童安全地探索物体,进而支持其好奇心的发展。你可以用真正好奇的声音说"我想知道这是怎么回事",或者用惊讶的声音说"看那辆卡车开得这么快。你做了什么让它开得这么快?",从而表示你的好奇。

虽然大多数儿童会表现出好奇心,但有些儿童可能只是观察,并不上手摆弄。其他儿童可能曾经因探索受到惩罚,所以在新环境中犹豫不决。在表达好奇心之前,他们可能需要学会信任你和环境的安全性,从而尝试用不同的策略来解决问题,例如,如何将嘈杂的卡车移过地板,或者拉动有安全绳索的玩具。这些儿童需要你仔细观察,以确定哪些玩具或材料会激发他们的兴趣。

掌控动机

大多数婴幼儿都渴望承担任务。教师可以通过提供具有挑战性但不太令人沮丧的材料（例如拼图），帮助儿童培养掌控感。有不同难度水平的拼图——例如带有旋钮的拼图，以及适合年龄较大儿童的1片、2片、10片、20片和30片的拼图。如果教师能够提供充分的选择，那么儿童可以选择难度适宜的材料。

开放式的创造性材料也适合儿童探索。年龄稍大的婴儿可以用大的油性蜡笔在纸上做记号。年幼的学步儿可以在纸上按指纹、画线，年龄较大的儿童开始画圆圈。他们可以尝试各种颜色。如果他们能够完成基于自身能力水平的任务，那么他们会很有成就感并想做更多的事。你对每个儿童的仔细观察，能够帮助你明晰儿童下一步可能准备解决的问题。

目标、理论和实验

婴幼儿有目标并会尝试用不同的策略来实现这些目标。"即使在最早、最依赖成人的日子里，婴儿的大脑也在发展理解能力，试图理解他们周围的世界和其中的人"（Lally，2014，p.4）。

> 乔舒亚（8个月）脸上带着坚定的表情，试图拿起带轮玩具狗的绳子末端的塑料骨头。他终于抓住了骨头，拉上了绳子。当玩具狗靠近他时，他看起来很惊讶。他用力拉扯骨头，玩具狗迅速向他滚过来。他兴高采烈地看着教师，看看她是否在看。

乔舒亚有一个目标并想办法实现它。他还想与教师分享自己的发现，教师的关注对他来说意义重大。

看到一个婴幼儿想出不同的策略来解决问题是令人兴奋的，就像凯尼恩在下面的例子中所做的那样。

> 凯尼恩（14个月）在家里玩，他把球滚到了沙发下面。他首先尝试自己捡球，他躺在地板上，双手尽可能地伸到沙发下面。然后他在沙发上爬行，看看球是否从另一边出来了。原来它就在另一边！当凯尼恩捡起球时，他喜笑颜开，为自己找到了解决问题的办法而兴奋不已。

在家里，年龄较大的学步儿可能会找到一把扫帚，并使用手柄将球从沙发下面推出来。如果在安全的环境中给予儿童机会，那么他们会自己解决问题。你可以通过以下方式支持儿童的探索。

- 提供每个儿童感兴趣的各种材料和玩具。
- 给儿童充足的时间去探索他们的环境。
- 观察儿童的目标和用于实现这些目标的策略，例如他们如何改变手部动作，将汽车滚过地板或溅起水花；为儿童提供使用这些策略的更多机会。
- 注意儿童是否看着你庆祝其取得的成就，用钦佩的语气、特定的词来描述儿童刚刚做了什么——例如"你跳得这么高"。

婴幼儿能够通过观看来学习，但他们能够通过实践学到更多（Bakker, Sommerville, & Gredebäck, 2016）。婴幼儿必须用手、嘴、脚、鼻子和脚趾探索才能学习。

婴幼儿逐渐理解人和物体是如何运作的，这些是他们自己产生的想法。他们对事物的运作方式有着奇妙的想法，没有人告诉他们："看，重力会导致物体下落。"相反，他们自己尝试让物体从不同的高度掉落，比如他们让食物从盘子里掉到地板上。从这些经历中，儿童开始形成一种图式——关于物体和事情是如何运作的。他们所理解的是，当一个人放开一个物体时,它会掉下来。现在想象一下,当他们第一次看到一个球掉下来,然后它又弹起来时,他们会感到多么惊讶。当儿童遇到与他们见过的情况相矛盾的情况时,为了理解这一情况,他们必须按照皮亚杰(Piaget,1968)所说的顺应他们的想法。他们必须改变自己的想法并进一步实验,看看什么会掉下来,什么会飞,什么会反弹,什么会溅到地上。

当婴幼儿皱起眉头或惊讶地睁大眼睛时,请注意他们此时正在发现。婴幼儿是真正的科学家,他们正在通过实验来观察会发生什么。教师要为他们的发现感到高兴,比如,他们在滚动一个球后尝试滚动一个方块,而方块不能滚动。学步儿可以再试一次,他们正在学习新东西。婴幼儿不断地解决不再令成人感到困惑的问题。当你分享婴幼儿对自身发现的兴奋时,你也在与他们建立情感纽带。当你分享婴幼儿的发现时,他们会感到更加有趣和难忘,会欣赏学习的乐趣。

想一想你可以从哪些方面挑战儿童的思维(更多建议见第十一章)。
> 将一个实心块与其他中间有孔的块和堆叠玩具放在一起。
> 将毛绒玩具放入袜子,并放置多个实心玩具。

> 阅读带有弹出式图片或隐藏式图片的故事书,激发婴幼儿的兴趣。

婴幼儿不断地建构对教师行为的理解。当他们告诉你他们需要帮助时,你会帮助他们吗?当他们表示饥饿时,你会给他们喂食吗?婴幼儿会通过你回应其需求的每一个行动来判断他们是否可以信任你。

通过模仿来学习和建立关系

模仿是婴幼儿学习的有效方式。一个8个月大的婴儿在父母的感叹声中逐渐抬起手臂:"你有多强壮了?好强壮啊!"14个月大的学步儿表现出延迟模仿。白天,学步儿可能会看到朋友给正在哭泣的同伴玩具,然后在当天的晚些时候,他可能会在家里给正在哭泣的妹妹玩具。学步儿可以记住一个行为,并在一天或一周中的晚些时候进行模仿。

蕾切尔(12个月)看着教师将一个蓝色塑料环放在一个叠叠乐的底座上。教师取下蓝色塑料环并将其放在地板上。蕾切尔犹豫了一会儿,但最终将蓝色塑料环放在底座上。在当天的晚些时候,教师注意到蕾切尔把塑料环放在底座上,然后多次拿下来。

许多婴幼儿像蕾切尔一样通过模仿来学习。12个月大的儿童更有可能模仿一个他们认为可靠且是专家的成人。当18个月大的儿童观察到成人错误地说出物品的名称时,他们不太可能模仿那个不可靠的人(Brooker & Poulin-Dubois, 2013)。你应该成为婴幼儿眼中的可靠的成人!

婴幼儿也会出于社会原因,进行模仿(Hilbrink et al., 2013;Over & Carpenter, 2015)。模仿是建立关系的基础。当两名学步儿互相模仿跳跃时,欢乐的尖叫声会响起来。当一个学步儿模仿另一个学步儿四处走动时,这有助于巩固他们的关系。当一个学步儿感觉"我就像你一样"时,另一个学步儿会感到"我喜欢你"。这种模仿是一种将人们彼此联系起来的黏合剂（Hilbrink et al., 2013）。教师需要观察和由衷地欣赏婴幼儿的模仿学习和社交策略。

当你欣赏婴幼儿对你或同伴的模仿时，你便支持了他们重要的学习策略及其与他人建立情感联系的愿望。

当儿童并排坐在地板上时，你可以在地板上放两个相同的玩具或乐器，鼓励他们模仿彼此的探究活动。你可以鼓励一个学步儿模仿另一个学步儿："看看萨姆在跳，你想和萨姆一起跳吗？"

发展执行功能

通过满足婴幼儿对舒适和关注的情感需求，你还可以帮助他们更有效地发展执行功能——如何以适当、健康的方式控制他们的情绪和行为（自我调节），专注于任务，并使用灵活的思维（Cuevas et al., 2014）。我们已经在第三章中讨论了自我调控及其重要性。执行功能为儿童的学习铺平了道路，它们可以预测儿童在幼儿园和小学阶段的学业成绩。它们关系到儿童现在和未来的成功。比如，参加活动较多的儿童更有可能设定目标、计划和解决问题。这使他们能够在学校和朋友交往中取得成功（Zysset et al., 2018）。

对成人来说，学步儿保持注意力的时间似乎不长。然而，他们通常会长时间地专注于自己感兴趣的材料，例如当他们爬进沙池或开始玩水时。如果给月龄较大的婴儿或学步儿一辆玩具巴士，该巴士的门可以打开和关闭，还有一个可以被放在巴士座位上的玩具人偶，那么许多婴幼儿会长时间地集中注意力，把人偶从座位上拿起来并放回座位。他们还可能会打开和关上车门，拿起玩具巴士，然后把人偶甩出去，再把人偶放回去。月龄较大的学步儿可能会假装巴士坏了，他们需要一辆拖车将巴士拉到修理工那里。

研究人员发现,"在婴儿玩耍时,如果父母的目光游移,那么他们的注意力会受到影响"(Yu & Smith, 2016)。如果你在婴幼儿的附近,1岁儿童可能会期望你和他在一起、注意他,并在他抬头看你时给予眼神交流。我们也知道有些婴幼儿需要独处的时间。他们会背对房间里的其他人,在不受同伴干扰的情况下摆弄嵌套杯。教师需要观察婴幼儿的喜好,尽管它们可能会也可能不会每天发生变化。

执行功能包括认知灵活性,想一想下面这个喜欢橡皮泥的婴幼儿。

玛丽安娜(30个月)喜欢触摸橡皮泥的感觉。她用手捶打橡皮泥,把橡皮泥拿起来,然后"扑通"一声地放下,把它做成球和圆柱。有时,如果教师不看,她会尝尝!然后她会走到外面玩沙子,试着把沙子卷起来、敲打、拿起来、扔下去,然后把它做成球。她发现她必须改变自己与沙子的互动方式。她的思维必须灵活。她环顾四周,看到一个杯子和桶。她用杯子舀起沙子,倒进了桶里。

当意识到沙子和橡皮泥具有完全不同的性质后,玛丽安娜成功地改变了她玩沙子的目标和策略。她的表现体现了认知灵活性。

当婴幼儿玩耍时,教师要有情感回应。教师要对他们正在做的事情给予鼓励和具体的评论。教师还需要给他们提供充足的时间来探索丰富的个人和物理环境,与各种材料、设备和人员打交道。

婴幼儿正在学习什么

婴幼儿在早年间发现了很多东西。他们正在学习事物的客体永久性、因果关系、数学和科学概念、阅读（早期读写技能）和符号，以及其他人的想法。

学习客体永久性

婴幼儿正在学习物体在空间和时间中永久存在：他们的毛绒玩具狗在被毯子遮住时消失了，但是它仍然存在。皮亚杰（1954）发现，婴儿直到8—9个月大时才会寻找成人隐藏的物体（例如在枕头下的物体）。然而，新的研究表明，婴儿在6个月时就可以意识到隐藏的物体依旧存在。例如，研究人员将一个圆形和一个三角形物体藏在幕布的后面，当研究人员抬起幕布时，两个形状的物体都消失了，婴儿会感到惊讶并长时间地注视场景（Kibbe & Leslie, 2011）。婴儿似乎意识到物体应该继续存在。

年龄较大的婴儿在弄掉一块食物时会向下看儿童椅的一侧，看看它在看不见的时刻是否还存在。月龄较大的婴幼儿甚至可以通过把他们的玩具藏起来，然后查看它们是否仍然存在，来检验他们关于物体继续存在的看法。他们可能会玩游戏：扔掉一个物体，然后由成人一遍又一遍地取回它。这时，你可以掀起毯子，并使用空间描述性语言来描述球："球去哪儿了？哦，球在毯子的下面。"你还可以提供各种尺寸和形状的容器，让婴幼儿尝试在其中放入物品，再查看物品是否在容器中，然后取出物品。

学习因果关系

婴幼儿会不断检验因果关系。3个月大的儿童能够通过摇晃脚,使脚上的铃铛发出声音。6个月大的儿童会尝试以不同的方式移动他们的手来翻身或捡起一个玩具。婴幼儿是科学家,他们试图弄清楚一切是如何运作的。

为了鼓励婴幼儿进行实验,你需要为他们提供可使用的物品,比如可移动的、用于检验因果的玩具,产生噪声的物品,以及婴幼儿可以以某种方式改变的材料。你可以通过观察婴幼儿何时重复某个动作来检验物品的有效性,比如一个年幼的婴儿击打一个玩具,看着它摆动,然后再次击打它。婴幼儿成为真正的实验者,他们尝试多种移动卡车的方法。婴幼儿可能会反复摆弄一个会发声的玩具,以找到使它发声的按钮。音乐玩具、带安全按钮的玩具、粘在一起的积木、沙子玩具(有些底部有一个开口,沙子会掉下来),以及水上玩具,都能鼓励儿童探索因果关系。

学习数学

儿童在生命早期就发展了数学概念和技能。从他们出生的那一刻起,婴儿就开始通过日常经历及与值得信赖的成人互动来形成数学思维。数学语言也很重要,涉及你如何与婴幼儿谈论数学概念(如更多、没有和全部)(NAEYC)。正如格林伯格(Greenberg, 2012)解释的那样:"数学就在我们的身边,数学谈话让它显现出来并让人们知道它。"

学习数字。玩耍和听成人谈论数字是儿童获得数感的途径。数字代表数量——有多少东西,也指我们用来表示多少的符号——1、2、3等。从婴儿早期开始,成人就会自然地在生活中与婴儿谈论数字。你可能会说:

> "你有两只手。"

第六章　思考和学习的奇迹　79

> "有多少豌豆？让我们数一数，1、2、3。"
> "你把苹果酱都吃光了。全都没了。"

拉斐拉（11个月）全神贯注地用手指从托盘上拿起豌豆。拿完后她抬头看向母亲，将两只手的手指并拢放在身体中间，示意想要"更多"。拉斐拉明白，当她使用手语表示"更多"时，她的母亲会给她更多的豌豆。

拉斐拉理解"更多"的数学概念。对于婴幼儿来说，学习数字的名称比学习数字的概念更困难。当我们在环境中或书上看到数字时，我们经常通过命名数字来帮助儿童，而不是对儿童进行测验。许多儿童读物都包含页面上的对象数量的数字。例如，艾瑞·卡尔（Eric Carle）的书《1，2，3到动物园：数数书》(1, 2, 3 to the Zoo: A Counting Book)的每一页都包含一个数字。当你指向数字时，你可以说"看，这是数字1"或者"哦，看，有一只大象"。

学习形状和空间关系。婴幼儿会了解物体和人（包括他们的身体）

如何适应不同的空间。他们可能会试图从教师固定好的、不会被推倒的两个玩具架之间挤进去。学步儿会爬过游戏隧道，并尝试将尽可能多的物品放入游戏用的钱包中。在儿童吃饭或玩耍时，你可以用关于空间关系的词语来描述物体的方向和位置，从而促进儿童的理解，例如：

> "看，贾克斯把餐巾纸放在了盘子的下面！"
> "卡洛斯，你的娃娃挨着戴维的娃娃。"

你可以经常使用圆形、三角形、弯曲、边缘和角之类的词。当儿童吃零食时，你可以举起饼干，说："看，这个饼干是方形的。让我们数一数它有多少条边。"（你指向每一条边并数数。）你还可以在儿童游戏时使用代表空间方位的词，例如向上、向下、上面、周围和穿过。当学步儿使用这些词时，你可以通过回应、重复单词、说出反义词来强化学步儿的使用。例如，如果一个学步儿喊道："球升起来了。"你可以说："是的，当你扔球时球升起来了，然后球掉了下来！"这些方位词能够促进儿童理解空间中的物体位置。如果教师在与儿童交谈时使用空间术语，那么14—46个月大的儿童将会使用更多的空间术语（NSF，2011）。

观察婴幼儿如何探索空间关系。搭建积木和玩拼图有助于儿童理解物体如何适应空间。要让婴幼儿有机会用物体填充不同尺寸的容器，玩叠叠乐和嵌套杯，或者爬过布隧道。这些空间探索游戏都与儿童后期的数学技能有关（Verdine et al., 2014）。

学习分类和排序。婴幼儿开始根据物体和人的特征进行分组或分类。例如，他们决定自己喜欢哪些食物，不喜欢哪些食物。儿童将发现不同事物的相似点和不同点。儿童能根据颜色、形状或类型对物体进行匹配和比较。学步儿可能能够按照一个维度对物品进行分类，例如将蓝色积木放在一起，将红色积木放在一起。当你使用更重、更轻、更粗糙、更平滑和更颠簸等词时，你能帮助儿童注意到物体的差异。

排序是按某个特征（例如长度或宽度）排列对象的过程。婴幼儿在玩耍、吃饭和学习数数时，都会关注到事物的大小差异，并尝试按大小排列物体。当你比较不同的玩具狗时，你可能会说"看，这只狗是最大的，那只狗是最小的"，这时你就是在排序。大、更大、最大，小、更小、最小，高、更高、最高，短、更短、最短等词，有助于儿童学会从尺寸、长度、宽度等方面来比较物体。

学习科学

婴幼儿是天生的研究者和科学家。这就是他们会扯卫生纸和在操场上追赶飞虫的原因。婴幼儿具有强烈的好奇心。他们观察生活中的生命体、物体和材料的特点以及人类。他们提出问题。他们猜测为什么人、动物、物体、材料、太阳等如此运行。他们进行实验，以验证他们的猜测是否正确。观察、提问、猜测、实验和得出结论，是婴幼儿的科学行为。

凯（2岁）注意到一只蚂蚁顶着面包屑穿过操场。他和教师跟着它走了大约30分钟，而且注意到不要踩到蚂蚁。他们想知道那只蚂蚁要去哪里，以及它可以带多少东西。后来，在所有的儿童都回到教室后，教师发现她曾在科学桌上放了一本关于蚂蚁的书。第二天，教师和凯一起阅读那本书。

要激发婴幼儿的好奇心和探索精神。陪伴婴幼儿非常重要，你需要：注意他们正在用感官调查什么；注意他们如何对物体进行重复的操作（摇晃、敲打、投掷和弹起），以了解它们的属性和用途；观察婴幼儿对风、水、积木和珠子的反应；注意他们多么喜欢看水流过罐底的孔；鼓励他们用手指感受雪的寒冷和水的湿润；用语言详细描述他们的想法和行为；不断地和他们一起产生好奇。当你与婴幼儿一起探索世界时，你可能正在支持一名婴幼儿成为科学家！

以下是一些鼓励学步儿产生好奇心、探索和解决问题的方法。

> 提供在水中会下沉或漂浮的物体，鼓励学步儿猜测哪些物体会下沉，哪些物体会漂浮。

> 提供坡道或木板，鼓励学步儿观察不同物体在坡道上滚动的速度，并调整坡道的高度和倾斜度，和他们一起探索为什么有些物体比其他物体滚得更快。

> 为学步儿提供用画笔在纸上混合颜色的机会。谈论他们创造出的颜色。

> 与学步儿一起烹饪。注意并与他们一起探索原材料在混合和烹饪时会发生什么变化。

这些活动都会促进婴幼儿的科学学习。

学习象征和表演游戏

婴幼儿在他们开展象征性游戏的各阶段获得逐步发展。在这些活动中，婴幼儿会使用一些物品和动作来代表其他物品和动作。他们还会假装，例如，你可能见过一个月龄较小的学步儿假装用杯子喝水或用勺子吃东西——这些是他们熟悉的动作。接下来，月龄较大的学步儿可能会对一些物品——比如娃娃，做熟悉的装扮动作，他们可能会假装给娃娃梳头或者假装喂娃娃。

2岁儿童开始进行表演游戏。他们假装自己是别人（例如妈妈和爸爸）。不过，他们扮演的对象很快就会转变为狗或小猫。他们仍然需要使用逼真的道具（例如看起来像盘子的道具）。然后，他们很快就会使用看起来不像真实物品的道具。当道具看起来不像真实物品时，他们正在学习更抽象地思考。例如，一个2岁儿童可能会用他在外面找到的一根吸管来代表冰激凌蛋筒。

象征性游戏为儿童学习阅读奠定了基础。尽管吸管看起来不像冰激凌蛋筒,字母"d-u-c-k"看起来也不像鸭子。但是在游戏过程中,儿童认识到一个事物可以代表另一个事物,就像字母可以代表一个单词和一个物品一样。

象征性游戏和表演游戏增强了婴幼儿对自己和他人的了解。他们需要很多机会参与象征性游戏和表演游戏,以体验自身的角色,并表现出他们的想法和感受。

以下是一些支持学步儿开展象征性游戏的方法。

> 以学步儿的想法为基础。例如,当收到学步儿假想的果汁时,多喝几杯,感谢这个学步儿,并通过评论果汁的美味来增加其词汇量。鼓励学步儿向附近的其他同伴提供"果汁",让他们也参与游戏。

> 热情地与学步儿互动,并扩展象征性游戏。例如,如果一个蹒跚学步的"妈妈"或"爸爸",正在用一辆小车推着一个洋娃娃去"购物",那么你可以用纸板箱快速建立一个商店,并呈现一些假装的杂货。当你这样做时,你正在建构语言环境,并促进故事情节的发展。你可以通过询问"购物者"是否希望朋友与其一起购物来吸引其他儿童。

> 不断思考如何将更多的学步儿吸引到游戏中。你可以询问游戏中的学步儿是否需要其他角色,比如"小宝宝""杂货店收银员"或"消防员"。

> 最重要的是,如果学步儿在进行自己的游戏,请退后一步,观察你是否可以提供更多的道具(盒子、椅子、洋娃娃、洋娃娃床及毯子等)来扩展他们的游戏。

了解他人的想法

"心理理论"是一个专业术语,用于描述一个人思考另一个人在想什么的能力。这项能力在生命的前三年发展缓慢。在18个月大之前，大多数婴幼儿会将金鱼造型的饼干送给成年研究人员，即使该成人表示过她最喜欢西蓝花。因为婴幼儿非常喜欢金鱼造型的饼干，所以他们会把饼干送给喜欢西蓝花的成人。大约18个月后，婴幼儿会将西蓝花喂给表示偏爱西蓝花的成人。婴幼儿正在吸取其他人的观点，他们会考虑成人的偏好——即使成人的欲望与自己的不同（Repacholi & Gopnik，1997）。

要培养婴幼儿从他人的角度看待问题的能力。你可以给婴幼儿读一个男孩手受伤的故事，说："看看这个小男孩的脸。他很难过。你认为他想要一个拥抱吗？"

请记住，即使婴幼儿刚刚开始了解他人的想法，他们也会识别他人的情绪，并对其做出反应。例如，在一项研究中，当7个月大的婴儿仔细观察成人恐惧的面部表情时，他们的心率会下降，这表明他们的注意力高度集中（Peltola et al.，2015）。这些婴儿很可能不明白为什么成人有恐惧的面孔，但他们对情绪表达很敏感。

促进认知发展

最近发展区（Vygotsky，1978）是婴幼儿能独立完成的事情与在成人或更熟练的同伴的支持下取得的成就之间的学习区域。在最近发展区内促进婴幼儿学习的一个关键要素是提供鹰架。鹰架是一个广泛使用的术语，用于描述成人帮助儿童进行更高水平的学习时提供的响应性支持（Brownfield & Wilkinson，2018）。例如，18个月大的洛伦佐熟练地将积木放在一个大开口的容器里。但是，他不能将某个形状的积木放在开口大小和形状与该积木相同的容器里。为了帮助洛伦佐成功地完成该任务，教师可以为他的学习提供鹰架。教师可以示范如何正确握住积木，让它掉进容器里，或者问洛伦佐是否需要帮助。如果他点头或说"帮帮我",那么教师可能会引导他以正确的方式握住积木。教师能够为儿童的成功提供工具或策略。

观察儿童的内心冲突,比如一个儿童想要把两个积木摞起来,通常是一件很困难的事,但重要的是要给儿童足够的时间去尝试。如果儿童能够拥有充足的时间和你在情感上的支持,那么他可能能够使用几种策略来建造一个塔楼。他将建立自己的策略锦囊,并学会将自己视为一个有力的、有坚持性的问题解决者。但是,如果儿童对某项任务感到沮丧,那么是时候为他的学习搭建鹰架了。儿童的面部和身体姿势会告诉你很多关于他的感受的信息。

认 知 挑 战

有些婴幼儿的推理、记忆力和解决问题的能力都有发育迟缓。如果你怀疑婴幼儿有发育迟缓的表现,那么你要对儿童做出有针对性的回应并仔细观察。你可以尝试以下策略。

- 帮助儿童感到安全,以便他们可以专注于学习。
- 不断观察儿童的兴趣,并表现出你的热情回应,提供充分的材料来激发儿童学习的火花。
- 注意儿童用来探索物体的策略,例如敲打和翻转物体、将物体放入和取出容器、穿大珠子,然后提供吸引他们的更多材料。
- 将任务分解成多个部分,这样儿童更有可能成功。例如,给儿童10块积木,而不是100块积木来做实验,或者重复一首歌的两行,而不是整首歌,以帮助儿童学习唱歌。
- 评价儿童的努力和策略,而不是结果。例如说"你把玩具翻来覆去""你工作太努力了""你拉了绳子,发生了什么事?",而不是说"好孩子"和"太棒了"。

要确保妥善记录你的观察和你的行为。

当你与婴幼儿建立更加紧密的关系后,你可能会明确你确实需要和儿童的家长讨论,是否需要当地早期干预机构提供专业测评。你可以与领导协商,并向儿童的家长提供你详细的观察与记录。

婴幼儿的认知发展有赖于丰富的人际关系和物质环境,快点和他们一起庆祝这项新成就吧!

本章涉及的 NAEYC 早期教育 项目标准和话题	标准2:课程 2.A 基本特征 2.F 早期数学 2.G 科学 2.H 技术

第七章

学会成功移动的奇迹

我们每天都惊叹于婴幼儿如何迅速地以不同的方式学会移动手指、双手、手臂、腿和脚趾。众所周知,大多数婴幼儿天生就有移动的冲动。同时,成人的情感和身体都在支持儿童学习使用他们的小肌肉和大肌肉,以及享受完成新的运动里程碑的乐趣。我们对第一次翻身时感到惊讶的婴儿微笑,帮助他放松,享受这一刻。我们给予尝试走路的婴儿热情支持,让他知道我们能与他分享激动,并保证他的安全。当我们欣赏学步儿奔跑、跳跃、搭积木和攀爬的活力时,我们也在帮助他们建立自信心和成就感。

学会成功移动是婴幼儿在发展过程中有效、自信地发展人际关系和融入环境的重要组成部分。

婴幼儿能够发展他们的:

- 精细动作技能,如手、脚趾、脸和眼睛的使用;
- 粗大动作技能,如胳膊和腿的使用;
- 平衡与协调;
- 感官技能,包括视觉、听觉、嗅觉、味觉和触觉。

发展精细动作技能

小肌肉发育（精细动作技能）包括眼睛、手和脚的肌肉。婴儿早期会跟随一个有趣的玩具转动眼睛，你可以在他们面前缓慢地水平或垂直移动玩具。大约到4个月时，他们的眼睛甚至可以跟随玩具进行圆周运动。

大约5个月时，婴儿会用他们所有的手指做一个聚拢动作，把桌面上的玩具或一些食物移向自己。8个月左右的婴儿在其他三个手指的辅助下，开始主要使用食指和拇指（下钳抓握）拾取物体。1岁的婴儿只需要用拇指和食指（上钳抓握）就能成功地捡起食物来喂自己。他们也可能会从地板上捡起细小的灰尘或棉绒，然后放进嘴里（这也是确保婴儿在干净、安全的环境中移动的另一个原因）。

如果把一组方块放在桌面上，一个1岁左右的婴儿不管手部的发展是否成熟，可能都会充满活力地拿起一个方块，把方块扔到地板上。然后，他会抓下一个方块，练习这项新完善的技能，许多方块最终会被扔到地板上，这证明了其抓握技能的快速发展。当看到这个孩子用灵巧的手势快速地完成这项"任务"时，你应该为自己的耐心（甚至是愉悦）感到自豪。

婴儿的面部肌肉控制发展得更慢。直到第一年的中期，婴儿才能在进食时紧闭双唇，这就是我们会在他们的嘴角看到食物滴落的原因。

儿童通常在18个月—2岁发展手腕控制能力。如果一个婴儿试图将杯子朝嘴边倾斜来喝水，他可能会表现出沮丧，成人可以通过温柔地引导他的手部动作来帮助他喝水。学步儿可能会拿起杯子喝果汁，突然果汁溅到全身，这时啜饮杯就很有帮助，或者提供一个双把手的杯子，也能帮助学步儿练习手腕控制能力。他们需要这种能力来举起盛有食物的勺子，并将其放入口中，但在学步儿发展手腕控制能力时，估计会发生很多泼洒。

到18个月左右时，学步儿开始成为有技能的建设者。他们会控制自己的眼睛和手，把一个积木放在另一个积木上，还喜欢堆叠大的纸板。

然而，学步儿可能仍然难以衡量积木的大小。假设一个学步儿一遍又一遍地把一个较大的积木放在一个较小的积木上。每当较大的积木倒塌时，他就会感到沮丧。过了一段时间，教师可以在一个较小的积木下放置一个较大的积木。教师也可以温柔地问他："如果你先把最大的积木放在底部会怎样？"

到2岁左右时，学步儿能够紧紧地抓住蜡笔在纸上画线，而粗的蜡笔更容易被抓握。他们还会拿起一块拼图，开始学习如何把拼图拼起来。到3岁左右时，儿童会用蜡笔在纸上画大圆圈。

从伸手拍打到熟练地操作小物体，婴幼儿的精细动作迅速发展。成人应提供物质材料，给予儿童安全感，让其探索有趣的环境。正是成人的爱、情感支持，以及发展适宜性经验的创造，支持儿童利用自己的小肌肉进行学习以及与他人互动。

发展粗大动作技能

粗大动作技能一般按照从头到脚的顺序发展。新生儿会转动头部、用眼睛跟随物体、踢腿。当婴儿能较长时间地俯卧时,他们开始抬起胸部和头部。如果有很多活动的机会,4个月左右的婴儿将开始学习翻滚。有些婴儿在6—8个月能够坐稳,而其他婴儿可能需要更多的时间来获得肌肉控制能力。当刚学会坐的时候,他们的身子会慢慢地向前倾倒。到7个月左右时,你可能会看到一个充满活力的婴儿,四肢着地,来回摇晃,期待着爬行。

有些婴儿喜欢爬行,而其他婴儿在努力协调四肢时可能会感到失望。他们会尝试,尝试,再尝试。有些婴儿会离膝爬,有些婴儿则需要腹部贴着爬,然后逐渐掌握爬行的方法,也有些婴儿会在一开始向后爬行。你需要享受观察每名婴儿的不同爬行方式的乐趣,每名婴儿的动作可能不同,但大多数婴儿都想要移动。

到1岁左右，婴儿通常会通过抓握坚固的家具，然后挺直身体站起来。学习身体平衡仍需要时间，当年龄稍大的婴儿或学步儿放开脚步、探索世界时，他们开始抓住、扶着物品行走，与此同时将开启下一个勇敢时刻。学步儿刚开始走路时双腿会分开很远，但不久后，他们会越来越自信地蹒跚学步，想要尽快行走。

8—20个月的学步儿大约在12个月时开始行走，平均每小时走2368步，摔倒17次（Adolph et al., 2012）。不同的学步儿开始行走的时间并不相同，这与智力无关（Jenni et al., 2013）。早学会和晚学会行走的学步儿之间可能差12个月。

有些儿童在自己行走之前，会先用几周的时间看同伴行走，其他儿童即使跌倒也坚持尝试行走。刚学会行走的儿童甚至一天可以走37个足球场那么长的距离，并经常摔倒（Adolph et al., 2012）。大多数学步儿都有一种推动自己行走的内在动力，成人并不需要告诉他们或帮助他们练习。成人的工作是赞赏他们的行动力，提供机会、安全的环境以及有趣的目标来促使儿童探索。

学习平衡与协调

许多婴儿非常想移动，在试图行走时会"扑通"一声趴在地上，然后站起来继续前行。当一些学步儿在第一次试图行走或走得更快时摔倒，他们可能会看看你的回应。你需要保持冷静和专注，轻轻点头并给予鼓励。有了这种支持，儿童可能会站起来继续尝试。有些儿童可能还需要你的拥抱或轻拍，然后才能继续练习新的行走动作。

随着平衡和协调能力的提高，学步儿逐渐能够在拐角处快速小跑，而不会摔倒。即使走路时弯腰捡起自己最喜欢的玩具，他们也能保持行走而不摔倒。当你见证了学步儿能力提升的每个阶段时，你可以确信，你和学步儿之间建立的安全关系有助于给予他们勇气和信心,让他们坚持不懈地掌握动作技能。

获得感官技能

婴幼儿的感官技能有助于他们与你和他人建立不同的关系,因为他们通过多种感觉(视觉、听觉、嗅觉、味觉、触觉等)来接触生活中的重要他人。当各种感觉发展良好时,婴幼儿会不断地使用感觉来了解和感受周围的环境。

视觉

在刚出生的几周里,婴儿的视力是模糊的(Dewar,n.d.)。然而,在最初的4个月里,婴儿的视力会随着时间的推移而发展,他们会认出你的脸和声音。由于你能对他们的需求做出反应,所以他们会对你产生信任感,愿意舒服地依偎在你的肩上或跨坐在你的膝盖上。在8周左右,婴儿感知颜色的能力会有所提高。

到12个月大时,儿童的视力能够达到成人的水平。然而,儿童仍在学习协调他们的眼睛、手和动作。当他们用手指向一个物品或人时,你可以用丰富的语言来描述他们的动作,热情地表达你的兴奋,从而帮助他们协调动作并理解看到的事物。

听觉

在出生时,儿童的听力几乎就发育完善了;然而,新生儿的中耳里可能仍然留有液体。如果有很大的噪声,婴儿会被吓一跳。如果他们听到你平静的声音,他们通常也会安静下来。到4个月时,他们会对新声音充满好奇;到7个月时,当听到自己的名字时,他们会做出回应。他们开始模仿自己经常听到的声音。这时,要确保婴儿房里没有多余的声音,例如避免整天播放大声的音乐。儿童需要在能容易听到彼此说话和唱歌的环境中茁壮成长。

听力对语言发展至关重要。在美国,新生儿经常要在医院里接受检查。然而,在生命的前三年,婴幼儿可能仍会出现听力障碍。如果对儿童的听力有任何疑问,家长应当积极与医生联系。比如,你可能会注意到:有的婴儿听到很大的声音时,并不会感到惊讶;有的学步儿对你的声音熟视无睹,除非让他直视你的脸和嘴巴(这些表现有可能是听力障碍)。听力障碍需要及早被发现和干预,这样婴幼儿的沟通技能才更有可能正常发展。

嗅觉和味觉

新生儿对气味高度敏感。婴儿可以通过闻母亲的气味平静下来。比如,当你抱着的婴儿哭闹不止时,你可以把自己的围巾取掉(让婴儿更多地闻到你的气味),这样有时能够神奇地使婴儿镇定下来。新生儿喜欢甜味,这就是他们喜欢母乳的原因。他们不喜欢苦味或酸味(Kapsimali & Barlow, 2013)。如果母乳喂养,婴儿会喜欢母亲吃的水果和蔬菜(Beauchamp & Mennella, 2011)。当婴儿开始吃固体食物时,他们可能更喜欢那些在母乳中曾尝过味道的食物。学步儿的嗅觉可以帮助他们形成记忆。你可以细细品味一些味道,比如闻新鲜橙子的香味或游戏场上的花香,然后详细地描述它们,可以让学步儿学会用语言表达感受。

学步儿的气质可能会影响他们接受或拒绝新食物(Moding & Stifter, 2018)。有些学步儿会非常愿意接受新食物,但是有些更为谨慎的学步儿可能会拒绝某种新食物。如果你持续提供这些食物,那么学步儿最终通常会尝试接受它们(Forestell & Mennella, 2007)。当你和一个学步儿关系亲密时,他们更有可能信任你、模仿你,尝试新食物并说:"好吃!"

触觉

充满爱意的触摸对婴儿的健康成长和大脑发育至关重要（Dempsey-Jones, 2017; Dewar, n.d.）。你会发现什么样的触摸能让婴儿感到舒适：婴儿是否喜欢你紧紧地抱着他？婴儿是否喜欢你温柔地爱抚他的手臂？在白天和喂食时间，小婴儿需要经常被抱着。

精力充沛的学步儿可能会冲向你要一个拥抱，然后迅速跑到别的地方玩耍。但很多学步儿有时仍然喜欢被抱着，所以你可以在白天多爱抚和拥抱他们。如果有需要，你可以在午睡时轻柔地拍他们的背，帮助他们入睡。对儿童的需求做出反应的触觉刺激，有助于他们发展健康的情感和社交。

促进运动发展

要确保婴幼儿感到移动是安全的。"感觉安全"是指，要确保婴幼儿在离开主要照护者展开探索时，仍然具有安全感，并相信成人会随时给予其所需要的关注。例如，当婴儿能够伸手抓住物体时，要提供有趣的物体来鼓励其伸手抓住。婴幼儿需要空间和机会来练习新的动作，比如被拉着站起来，抱着坚固的物体四处走动，或者从低矮的物体上跳下来。婴幼儿需要你享受与他们一起移动的乐趣。当掌握一项新的运动技能时，他们可能想让你和他们一起体验快乐。这时，你要用你的热情和具体的话语来称赞他们的进步："你在走路。你在跳。你喜欢荡秋千（坐在秋千上的儿童安全座椅上）。"

提供摇摇船（rocking boat）可以提高学步儿的平衡能力和与其他学步儿协调大肌肉活动的能力。提供一套安全的台阶，可以让学步儿安全地练习上楼技巧。确保台阶的下面有垫子，以便学步儿跌倒时下面有一个厚而软的表面作为缓冲区。为学步儿提供攀爬杆，让他们可以抓着杆子来回荡，从而强壮肩膀和手臂肌肉。

提供滑梯，让学步儿可以学会轮流、爬上去和滑下来。当学步儿已经学会滑下滑梯，开始尝试在滑梯上往上爬时，要给他们尝试的机会。

带儿童出门观赏鲜花、石头、蜗牛、蚂蚁和其他爬行的虫子，可以提供有趣的视觉体验，同时促进其运动发育。要让他们在草地上打滚，绕着树干跑。在温暖的天气里，为儿童提供一个严密监管的浅水池，让他们感受温暖的水，扭动自己的脚趾，安全地戏水。在寒冷的天气里，让他们穿好温暖的衣服,自由奔跑,感受和享受雪,玩追逐游戏。提供学步儿可以移动的物体,如小轮胎、纸板和小推车。学步儿在使用这些材料进行游戏和创造时,能够运用他们的大肌肉和小肌肉。

当婴幼儿发展这些技能时,他们期待你能够:

- 成为他们的安全基地,他们可以先探索外部世界,然后回来寻求情感支持。
- 创设一个安全、有趣、适合他们探索的环境。
- 当他们学习使用器具进食时保持耐心——儿童在生命的前三年才刚刚发展精细动作。
- 见证和分享他们达成新里程碑的喜悦,比如第一次行走或第一次用手指捡起小物体。
- 为沮丧的儿童提供适宜的帮助,帮助其学习完成某个目标的策略,比如学习爬上儿童滑梯的步骤。

感官发展的挑战

有些婴幼儿有感官发展上的挑战。他们可能对噪声、过多的视觉刺激或某些类型的触摸敏感,或者可能非常渴望身体接触和其他类型的刺激。有的学步儿可能因为新衣服上的标签摩擦了皮肤而烦躁;有的学步儿可能会在其他同伴快乐地追逐尖叫时,痛苦地用手捂住耳朵。有的婴幼儿对音量大、音调高的声音极度敏感。触觉可能会给一些婴幼儿带来不适,甚至疼痛。

你敏锐的观察和与家长的讨论,将帮助你对婴幼儿个体和所处环境做出敏感的反应。当你的触觉或其他感官能够与婴幼儿的需要相匹配时,你就能够感受到他们的体验,从而帮助他们降低压力水平(Feldman,Singer,& Zagoory,2010)。每个婴幼儿都会传达自己需要的触摸类型。

当你坐在地板上时，一些婴幼儿可能希望依偎在你的怀里，想要紧紧的拥抱；其他婴幼儿可能会希望坐在你的腿旁边、靠在你的身上。

有些学步儿在焦虑、渴望镇定时，需要有一条特殊的毯子或柔软的布娃娃贴近他们的脸颊，让他们获得安慰。仔细观察每一个学步儿，你就能知道谁在自我安慰，并试图通过这种方式重新控制消极情绪，而不是崩溃。

家长和教师面临的挑战是，了解如何回应婴幼儿可能有特殊感官需要和关注需要的信号，从而帮助他们感到身体上更舒适，在情感上被理解。鼓励家长与儿童医生密切合作，确定婴幼儿有感官挑战的原因。

你可能会认为，即使没有成人的支持，婴幼儿也会获得他们的运动里程碑和技能。然而，成人的支持对婴幼儿成功的运动发育至关重要。有时，婴幼儿会感到沮丧、困惑、疲惫，不参加集体活动。他们可能会在面临新的发展挑战时感到气馁，比如通过运用精细运动技能更整洁地吃饭，或者拼好一个新的拼图。婴幼儿需要你成为一个安全的基地，耐心地陪伴在他们的身边，并提供适当的帮助。

本章涉及的 NAEYC 早期教育 项目标准和话题	标准 2：课程 2.A　基本特征 2.C　身体发展 2.K　健康和安全

第三部分

建构基于关系的回应性课程

-- -- -- -- -- -- -- -- -- --

第三部分将重点介绍你可以通过基于关系的互动和课程来支持婴幼儿的发展和学习。第八章将强调作为"基于关系的"教师的关键作用,你可以反思、观察和促进婴幼儿的学习。第九章将详细介绍如何创造基于关系的环境和回应性学习机会。第十章将讨论常规活动和日常关系,以及在一日活动的各个环节中互动和学习的机会。第十一章将定义婴幼儿课程的概念,强调通过观察和记录婴幼儿的兴趣和学习情况,以一种回应性方式来制订计划。第十二章将重点介绍为婴幼儿提供唱歌、玩乐器、听书和探索书的机会的重要性。第十三章将介绍与婴幼儿和家长建立牢固、关爱关系的积极引导策略。

第八章

基于关系的回应型教师

一个基于关系的教师能够与婴幼儿及其家长建立愉悦的、有益的、积极的、健康的关系。这些关系能够让婴幼儿感到安全并成功地学习。回应型教师对婴幼儿的情绪暗示会做出温和的回应，对婴幼儿的需求保持敏感，并通过安静陪伴、鼓励努力、提供语言支持和激发好奇心来促进婴幼儿的学习主动性。思考如何回应是很重要的，你要思考并尝试不同的策略，看看哪些策略能够最好地支持每名婴幼儿的学习需求。教师在身体和情感上对婴幼儿的回应，有助于他们做出努力，并对自己取得的成就感到满意。

一个基于关系的回应型教师应时常思考：

- 如何成为一个反思型实践者；
- 如何成为一个具有回应性的学习促进者；
- 如何成为儿童精神的守护者。

成为一个反思型实践者

在实践中反思是基于关系的回应型教师的关键能力。反思型实践者对自身的实践以及这些实践如何影响婴幼儿、家长和搭班教师，都会进行深入且细致的思考和分析。

反思型教师能够：

> 考虑如何使自身的实践具有发展适宜性且有效；
> 与婴幼儿和家长一起促进公平和包容；
> 不断思考认同和偏见如何潜移默化地影响行为；
> 了解婴幼儿的性格和行为，并了解这些因素怎样影响婴幼儿的互动。

运用发展适宜性实践

"发展适宜性实践基于儿童如何发展和学习的研究，以及已知的、有效的早期教育方法"（NAEYC n.d. a）。发展适宜性实践强调年龄适宜性、个体适宜性和文化适宜性的互动、环境和学习机会。

年龄适宜性。这一部分是以研究为基础的，涉及对婴幼儿发展和学习的了解。不同年龄段的婴幼儿通常需要不同类型的照护。婴儿需要大量的身体接触，按需进食，有时间参与互动，并在疲惫时安然入睡。即使教师将婴幼儿抱在自己的腿上，挨着他们或坐在地板上，婴幼儿也需要具有安全性的玩具和书籍。年龄较小的学步儿需要教师意识到他们需要被关注并提供许多机会，从而让他们对有趣的室内和户外环境进行长时间的探索。学步儿会蹒跚地回到教师身边，进行情感补充，以重新获得冒险精神。他们需要的是在情感上可以帮助他们的教师。那些为年龄较大的学步儿工作的人，需要认识到孩子需要部分的自主权——决定在哪里玩、和谁玩，以及怎么玩。

各个年龄段的婴幼儿都需要成人能够：与他们分享好奇心和乐趣；理解稳定和安全的依恋关系对婴幼儿的重要性；知道如何支持婴幼儿在情感、社交、语言、思维和动作上的发展；确定婴幼儿何时需要额外的支持来实现学习目标。

个体适宜性。每个婴幼儿都有类似的需求，但又与其他同伴有很大不同。一个婴儿满足于探索自己周围的事物，因此你可以提供许多触手可及的、可安全抓握的物体，并在你与另一个需要互动的婴儿一起游戏时做好记录。一个蹒跚学步的孩子喜欢移动，所以你需要为其提供机会和空间，让他可以快速地学习走路，在地板上或户外推卡车，攀爬、荡秋千和跳跃。对于一个专注于将拼图块嵌入正确位置的年龄较大的学步儿，你只需要静静地给他提供空间和时间，并酌情为他提供更具挑战性的拼图。另一个学步儿对故事中的每张图片都喋喋不休，你需要安排时间与他依偎在一起，用他喜欢的书与他互动。

文化适宜性。文化指的是一种生活方式（Rothman，2014），对婴幼儿的感受和学习有强大的影响。通过与婴幼儿的家长交谈，教师可以了解每个婴幼儿的文化。例如，一个家庭可能非常重视与孩子的相互依赖，因此你可以鼓励婴幼儿对家庭成员形成依赖，并建立紧密联系的家庭关系。其他家庭可能会鼓励孩子更加独立，自己玩得更久，从自己和他人身上寻求肯定和成功的感觉。

当已送孩子入托的家长感到教师尊重不同的文化和家庭时，他们可能会更舒适地与你谈论他们的习俗、信仰、家庭生活及对孩子的目标。因此，家长可能会信任你对其孩子的做法，即使这些做法与家庭固有的教育方式不同。除非家长的做法是有害的（如使用体罚），否则要努力尊重家长对儿童的期望。当有不同的方法（甚至分歧）时，要倾听，试着理解所有的观点，并一起努力找到可接受的解决方案。

支持婴幼儿的家庭语言并帮助婴幼儿在托育机构中学习新的语言，对双语学习者的发展和人际关系的建立都至关重要。教师需要寻找让课程落地的方法，使其"反映所有入托儿童的家庭价值观、信仰、经验、文化和语言"（NAEYC，2018，p.21）。例如，如果你不会说婴幼儿的母语，那么就学习其母语中的一些单词，在必要时找翻译与婴幼儿的家长交流，并向他们表示你的尊重。

反思公平和包容的重要性

反思型教师在所有的互动中都注意促进公平和公正（NAEYC，2018）。这对日常实践意味着什么？它意味着你：

- 以仁慈和尊重的态度，对待每个婴幼儿及其家庭成员；
- 接纳所有文化和种族的家庭、家庭结构和做法；
- 公平地对待所有婴幼儿和家庭，包括残疾儿童。

"全纳"一词指的是，确保已被确定为残疾的儿童能够尽可能充分地与没有残疾的同龄人参加同样的教育项目。全纳对有发育迟缓或残疾的婴幼儿以及没有发育迟缓或残疾的婴幼儿都有好处。残疾的婴幼儿会模仿并向其他婴幼儿学习，他们经常尝试像同龄人一样走路和说话。在教师的支持下，身体健全的婴幼儿能够学会与使用身体辅助器械的婴幼儿和睦相处，他们逐渐会意识到残疾儿童与健全儿童其实是没有区别的。

回应型教师的行为基于每个婴幼儿的个人优势、需求和兴趣。重要的是，特殊教育工作者和其他专家需要不断提供帮助，以满足机构中所有婴幼儿的需要，并帮助你知道如何最好地帮助残疾儿童和机构中的其他人。

你和儿童的文化、信仰和行为的影响

儿童在种族、性别、家庭经历以及语言方面都有所不同。反思你的文化和信仰如何影响你跟可能与自己不同的儿童互动。

儿童在行为上也有差异。想一想让你感到悲伤、愤怒或沮丧的儿童行为。每个人都有不同的经历，影响他们对某些行为的感受。你可能很喜欢一个闹腾、有趣、有吸引力的儿童，而另一个教师可能会觉得照护这个儿童很累。你的经验、文化和对儿童的信念会影响你对其行为的感

受，以及你对其本人的感受、反应和行为。具有反思精神的教师会不断地审视自己对每个儿童的反应。如果你发现自己想减少与儿童相处的时间，那么想想你为什么有这种感觉。如果你经常对某个儿童感到烦躁，那么考虑你可以改变什么。更具挑战性的儿童和其他儿童一样，需要你真诚地提供有爱的互动和回应，以便他们茁壮成长。

0—3岁婴幼儿能感受到并需要你欣赏和认可他们的独特性——他们的能力、性别、优势、需求、文化和语言。

成为一个具有回应性的学习促进者

一个学习促进者会传授经验，鼓励儿童的好奇心和探索，并为他们的学习提供支持。你需要把自己想象成一个回应灵敏、热情、有创造力的引导者，可以：

- 在情感上与儿童相通；
- 给予儿童全心全意和善意的关注（有时只需要你的存在）；
- 为儿童的学习创造可能性，使之与儿童的年龄、个体和文化相适应并取得成效；
- 每天为儿童提供充足的时间来探索他们的环境和做出选择，培养其学习的主动性和积极性；
- 当儿童探索玩具时仔细观察，注意儿童的目标和策略，不要打断儿童参与解决问题的过程；
- 观察儿童的兴趣和目标（例如，探究不同的材料在落地时发出的声音），并根据需要改变你与儿童的互动和环境，以激发其学习和好奇心；
- 当儿童需要你，看着你，跟你说话，或需要你亲近时，热情地回应他们；

- 与儿童进行丰富的对话,给他们做出回应的时间;
- 用语言描述儿童在做什么(平行对话)和你在做什么(自言自语);
- 惊讶于儿童在游戏时或在你阅读图书时的表现;
- 在儿童受挫前帮助他们学习一些策略来支持其学习;
- 提供足够的便利,帮助儿童有足够的信心再次尝试;
- 鼓励儿童努力并提供一些评论,如"你这么努力地看书呀!你可以看到每个动物宝宝"。

你是一个有回应能力的教育者(Cheeseman, 2017)。这意味着当婴幼儿发起交流时,你已经准备好做出回应。例如,如果一个学步儿拿一个塑料水果给你看,根据你对儿童的了解,你可以用以下方式回应:

- 微笑并说出水果的名称,如"我看到了,你有一个苹果";
- 谈谈儿童对水果做了什么——摇晃、敲打、制造声音,试图让它做什么,或者假装用它来吃饭或做饭;
- 描述水果,如它的颜色、形状、大小或长度;

第八章 基于关系的回应型教师

- 建议儿童可以用水果做什么；
- 问"你想用这个苹果做什么？"。

明白游戏的重要性

游戏是儿童学习的方式（Gillespie，2016）。我们通常听到的说法是"游戏是儿童的工作"，这突出了认真对待游戏的重要性。富有想象力、有创造性、有目的、能够解决问题的游戏，确实是儿童学习的重要途径（Luckenbill，Subramaniam，& Thompson，2019）。

正如荣格和雷基亚（Jung & Recchia，2013）所解释的，"因为婴儿游戏的动机是体验控制物体和行为的真正快乐，所以游戏不是被视为达到目的的手段，而是目的本身。在游戏中，婴儿与他们的环境互动，吸收新的信息，解决问题，获得行动，并学习适应世界"。

内尔和德鲁（Nell & Drew，n.d.）写道，有意义的游戏应具备以下五个要点。

- 儿童可以做出自己的决定。
- 儿童有内驱力。
- 儿童沉浸在游戏时刻里。
- 游戏是自然产生的，而不是预设的。
- 游戏是愉快的。

游戏的冲动来自理解世界的自然愿望。这种游戏的冲动就像儿童对食物或睡眠的渴望一样强烈（Nell & Drew，n.d.）。

为了支持婴幼儿的学习，要像下面案例中的卡萝尔那样，跟随婴幼儿的脚步，了解他们的需求。

肖娜（8个月）在她的婴儿房里从一个低矮的架子上拽下了一个玩具钢琴。她按下一个琴键，出现了一个声音。在惊讶之余,肖娜又按了一下琴键。她笑了笑,又按了一个琴键。卡萝尔老师走近观察。当肖娜抬头看向卡萝尔时,卡萝尔热情地说:"你按了一个琴键!你创造了音乐!"

卡萝尔细心地跟随肖娜主导的游戏。卡萝尔将钢琴放在一个低矮的架子上,让肖娜可以很容易地看到和拿到它。卡萝尔知道,一个8个月大的婴儿可以很容易地按动一个大的琴键来发出声音。卡萝尔在观察后发现,肖娜正在进行因果关系的实验。肖娜发现自己能够通过按琴键,让钢琴发出声音,并重复了按琴键的动作。卡萝尔没有告诉肖娜如何去做,而是在肖娜探索玩具时进行观察。当时机成熟时,肖娜看着卡萝尔并邀请她加入游戏,于是,卡萝尔热情地说"你创造了音乐"。

为探索提供时间

游戏需要时间。游戏包括儿童在你创设的丰富环境中选择他们的活动。在一些教室里,学步儿整个上午都待在一起,作为一个团体一起从一个活动转换到另一个活动。观察一下,当学步儿不能做出选择,没有连续的时间来探索自己感兴趣的东西时会发生什么。

在学步儿一起吃完零食后,教师把他们带到一张拼图桌前。游戏时间是有限的。有些学步儿想更长时间地探索拼图,但现在是时候进行下一个活动了。有一个学步儿因没有完成他的拼图而非常苦恼。教师把所有的儿童都转移到两个水桌前,他们有15分钟的时间来探索水的特性。这时,有些学步儿已经很累了,不在状态,开始哭起来。教师让他们穿上外套,排队到外面去。有些学步儿很想出去,于是就往前冲,教师就责备他们。最后,每个人都到了外面。在午餐时间之前,他们只有15分钟的游戏时间。

将上文中的情景与下文中的情景进行比较。如果你是一名学步儿，你觉得在哪个房间里你的需求会得到更好的满足？作为一名教师，你更愿意在哪个房间里？

> 萨拉是一个学步儿，她和其他同伴一起吃完了点心。教师帮她洗了手，问："你今天想玩什么？我们有积木、沙子和其他玩具。"她一边说，一边指着每个可供选择的物品。
>
> 萨拉立即走向了积木，她看到了新的可粘积木。萨拉试图搭这两块积木，可是它们被粘住了！萨拉没有想到会这样。她用积木试验了15分钟，然后去找她的朋友萨姆。她拉着萨姆的胳膊来到故事书区，那里有低矮的椅子和沙发，有一块地毯，还有一些枕头。在这里，图书都被很好地展示出来，学步儿可以很容易地看到图书的封面，并选择一本喜欢的书来看。

萨拉先尝试用一种熟练的方法来搭积木。她对这个意想不到的结果感到惊讶。这使她以极大的兴趣去探索这些积木，她正在学习物体的不同属性。当她玩腻了积木时，她希望朋友能和她一起进行另一项活动。在这个房间里的学步儿被鼓励对他们要做的事情做出选择，萨拉已经知道她可以邀请另一个同伴加入她的游戏。

在萨拉所在的房间里，教师投放了一些有趣的材料，包括一些萨拉和其他儿童没有接触过的材料。这些材料激发了萨拉的兴趣，挑战了她的思维。教师给儿童提供了探索的时间，能够满足他们的好奇心。通过游戏，教师能够观察并促进儿童参与和学习的热情。

为儿童的学习提供鹰架

成人在帮助儿童学习和享受学习的过程中扮演着重要的角色（Bruner, 1978），而提供鹰架是实践的一个重要部分。"鹰架使儿童能够解决一个问题或执行一项超出其现有能力的任务。它是教师创造的、将现有的知识与新的知识和理解联系起来的一座桥梁"（Gillespie & Greenberg, 2017，p. 90）。当你鼓励一个儿童努力或坚持，扩展他的语言，给他一个提示或建议，或者帮助他集中注意力时（Klein & Feldman, 2007），你就是在为这个儿童的学习搭建鹰架。

在第六章中，鹰架被讨论和定义为一种支持儿童认知发展的策略。然而，鹰架也包括情感支持。例如，教师在与婴幼儿玩躲猫猫的游戏时，为婴幼儿的情感发展和认知学习提供了鹰架。在这个活动中，教师示范并调整了自己的动作、语言和面部表情，与婴幼儿一起进行优美的、同步的舞蹈（Jung & Recchia, 2013）。成人"通过游戏刺激儿童的学习，鼓励他们的积极参与"（Jung & Recchia, 2013，p. 832）。当婴幼儿多次对你的初始动作做出反应并开始玩躲猫猫的游戏时，你就知道你已经被获准和他们一起游戏和学习。当你和婴幼儿分享互动的喜悦时，关怀的关系就形成了。

发展阶梯上的舞蹈

"发展阶梯上的舞蹈"一词描述了，教师如何注意到一项活动对儿童来说是太容易还是太难，然后根据儿童的发展水平调整他们的策略（Honig, 1982）。这是一种鹰架的形式。这里有几个例子，可以说明一个教师如何演绎在发展阶梯上的舞蹈。

> 塔米老师注意到安东尼奥在拿普通蜡笔时很吃力，于是顺着发展阶梯往下跳。她找到了安东尼奥通过努力能够抓握的蜡笔。安东尼奥在使用新蜡笔时感到很有成就感。当塔米观察到塞塞利娅对已有的拼图感到厌烦时，塔米跳上了发展阶梯，提供更有挑战性的拼图。为了帮助塞塞利娅完成更有挑战性的活动，塔米提醒塞塞利娅注意她玩较简单的拼图时使用的策略。塞塞利娅使用了许多相同的技巧来完成更具挑战性的拼图。

每个儿童都可能处于不同发展阶段的独特梯级上。尽管塞塞利娅擅长拼拼图等精细运动任务，但塔米也注意到她在大肌肉运动方面需要额外的支持。

通过赋能来支持成功

"赋能"是指你创设支持每个儿童的进步和成功的环境，例如创设操场环境（Gibson，1979，1986；Kleppe，2018）。下面的案例介绍的是给儿童赋能的故事。

达米安是婴儿教师，他为正在学习扶物站立的婴儿提供便利。他在地板中间放置了一个婴儿无法翻倒的箱子。这就像婴儿家中的一件家具。婴儿（包括有特殊运动需求的贾马尔）都在研究这个箱子。他们很快就开始趴在箱子上，或在箱子周围移动。

* * *

特雷克是一个学步儿，他似乎很想跑和爬。教师注意到，他总是需要移动，这意味着他很少与其他同伴互动，也很少与那些不适合大运动活动的材料互动。为了支持特雷克学习和建立更广泛的人际关系，教师们一起讨论如何为特雷克赋能，从而帮助他以不同的方式来迎接挑战。他们在地板上用透明胶带在教室的边缘创造出一条小路。他们在小路上放了一些小盒子——鞋盒，在鞋盒上挖了一个洞（可以放进一只袜子），然后邀请儿童伸手去摸，猜猜盒子里有什么——有助于特雷克和同伴探索和发现。教师们还鼓励几个儿童和特雷克带着球和围巾在外面的操场上跑步。

互动式游戏

克里斯蒂安是一位学步儿教师,她坐在一个顶部敞开的大箱子旁,大声地说话,声音中带着一种好奇:"露西亚在哪里?我不知道他去哪儿了。"几个学步儿迅速走过来,看看发生了什么。这时,露西亚从箱子里冒出头。"哦,原来你在这里,露西亚。我很高兴见到你。"露西亚笑了,然后又消失了,显然是希望继续这个游戏。

互动式游戏涉及教师与儿童进行有回应性的、及时的和有趣的互动。教师的行动建立在儿童的主动性之上。克里斯蒂安知道露西亚在等待教师来找他。虽然他们知道在游戏中会发生什么,但露西亚很喜欢从克里斯蒂安那里得到惊讶和热情的反应。

这些游戏能够帮助儿童了解因果关系。当你做出反应时，你就帮助婴幼儿发展了能动性，即他们"能做"、自信、坚持和解决问题。游戏还能帮助教师和儿童发展彼此之间的关系。

这里还有一些与婴幼儿进行互动式游戏的例子。

> 一个婴儿发出了一个令人意想不到的声音，你的反应是惊讶地睁大眼睛，并发出你自己的声音。
> 一个学步儿跳起来，你微笑着跳起来并高呼"跳，跳，跳"。
> 一个学步儿走到你的身后，挠你的腿，你高兴地笑着说："贾斯珀，你挠到我了。"

儿童和教师都喜欢互动式游戏。成人可以欣赏儿童的能力，并享受与他们互动的乐趣，而儿童则乐于参加游戏，体验自己让事情发生的乐趣。

成为儿童精神的守护者

"精神守护"是指关心儿童对爱和关注的需要。科罗拉多州儿童教育办公室（Colorado Office of Early Childhood, n.d.）使用这个术语，来描述儿童需要更多关注的特殊日子。能够识别这些时间，将有助于教师对过得很艰难、需要更多关爱的儿童表现出更多的同情心，这些儿童可能感觉不舒服或前一天晚上没有得到足够的睡眠。如果一个儿童很黏人或很挑剔，问问你自己："可能发生了什么事情，导致他今天需要更多的关爱？"虽然你可能不知道原因，但你可以遵从他的需要，关心他的精神世界。

要明白，婴幼儿会有烦躁或疲惫的时候，需要你温柔地照顾他们的情绪。要认识到每个儿童都很脆弱——如果任由他哭泣，如果他的自我价值感被削弱，如果他为了获得关注而行为不端，如果他对感情和爱的需求没有得到满足。当一个学步儿紧抱着你时，你可以抱紧他，对他说：

"今天是精神守护日。"要做到亲切、大方、令人安心且积极。

关注儿童的精神世界

我不在乎你的长相,我只在乎你怎样看待我。

我不在乎你还爱谁,我只在乎你是否爱我。

我不在乎你认识谁,我只在乎你是否认识我。

我想让你知道,当一个新朋友照顾我时,

我有一种空虚的感觉。她对我的看法不太准确。

她不知道我是否喜欢玩躲猫猫游戏。

我想要你照顾我。

我在乎你知道如何抱着我。

我在乎你对我的温柔。

我在乎我能安全地依偎在你的身上。

我在乎你是我的避风港。

我在乎哭的时候你会抱着我。

我在乎饿的时候你能喂我。

我在乎你听我说话,和我说话。

我在乎你和我一起笑和唱歌。

我在乎你专注于帮助我学习。

我在乎你等着看我能不能解决问题。

我在乎你在我需要的时候帮助我。

我在乎你能让我快乐和微笑。

我在乎我的家人是否信任你。

我在乎你是否在乎我。

——唐纳·威特莫

第八章　基于关系的回应型教师

在婴幼儿托育机构中，基于关系的回应型教师负责与儿童和家长进行有益的互动。一个基于关系的回应型教师知道如何成为一个反思型实践者、一个具有回应性的学习促进者，以及一个儿童精神的守护者。

本章涉及的 NAEYC 早期教育项目标准和话题

标准1：关系
1.D　创设可预测的、具有持续性的、和谐的教室环境

标准2：课程
2.A　基本特征

标准3：教学
3.C　监管儿童
3.D　通过时间、小组和常规来达成学习目标
3.E　回应儿童的兴趣和需要
3.F　让学习对所有的儿童都有意义
3.G　通过指导加深儿童的理解，促进儿童掌握知识和技能

第九章

基于关系的回应性环境

基于关系的回应性环境支持儿童对关爱、肯定、积极的情感联系和学习机会的需求。基于关系的回应性环境：

- 支持最佳的师幼和幼幼关系；
- 是有吸引力的、有趣且平静的，例如，在墙面上有组织地展示儿童的艺术作品及活的植物和花卉；
- 适应儿童的年龄、个体和文化，符合儿童的兴趣和需要；
- 包括精心设计和界定的学习区域；
- 包括在房间的每个区域以及常规活动和过渡时间中，蕴含在所有发展领域的很多学习机会；
- 创造意想不到的机会；
- 提供体验、欣赏户外和大自然的机会；
- 为家庭创设一个温馨的环境。

支持最佳的师幼和幼幼关系

当你走进一个家庭托儿所或中心的婴幼儿教室时，你是否立即感觉到这是一个可以发展牢固、积极关系的地方？儿童可以在确保安全的滑翔机上摇晃。教师可以坐在地板上，有支撑他们背部的座椅，这样他们在情感和身体上都可以接触儿童。有一些空间可以让教师和儿童一起研究镜子，在地板、舒适的椅子或矮沙发上阅读故事书。要有舒适的空间供年龄较大的学步儿玩躲猫猫的游戏,或依偎在一个吸引人的角落里。有一个低矮的长凳,可供家长聚集在一起观察儿童或与自己的孩子互动。当你为儿童开创或重新创设丰富的环境时,一定要考虑到环境如何能促进信任和关怀的关系。

提供有吸引力的、有趣和平静的学习环境

家庭托儿所或中心的环境组织良好,为婴幼儿提供了在学习区域之间移动的空间。墙壁上没有杂乱无章或过度的装饰,墙壁的颜色能让人感到平静。儿童的艺术作品可以摆放在儿童能看到的高度上。地板上放有彩色的垫子,爱动的婴幼儿能够发展他们的运动技能。环境符合教师、儿童和家长的审美要求(Hilman, 2012)。

要提供温馨的家具,如小而低的椅子和沙发,以及安全的枕头。要为0—3岁婴幼儿设置阅读区,使他们可以舒适地坐在地板上。灯光要柔和,不能刺眼。儿童尺寸的家具会吸引年龄稍大的婴幼儿爬到里面去"看"书,或者坐在低矮的桌子前拼拼图和玩黏土。

每天都要准备好小画架，鼓励儿童尝试用大画笔和各种颜色的颜料作画，还可以在低矮的桌子上提供蜡笔和纸张。在房间里开辟其他具有启发性的学习区域，让可自由行动的婴幼儿参与建设、解决问题、实验和休息。本章的后面将详细阐述这些想法。

使用安全的木制储物柜和架子，当年龄稍大的婴幼儿试图爬上去时，它们不会翻倒。在架子上放置儿童够得着的玩具篮子，在教室里使用英语或儿童在家庭中使用的语言来做标识。

考量年龄、个体和文化

第八章从教师角色的角度概述了发展适宜性实践的核心考虑因素。在这里，同样会考虑年龄、个体和文化因素如何被应用于有效的环境创设。

年龄适宜性

随着教室里的儿童长大并发展出新的兴趣和技能，环境会发生改变。婴儿教室与学步儿教室看起来不同。多年龄组的环境看起来也不一样。以下是不同年龄段的儿童认为有趣和具有挑战性的材料（NAEYC, n.d. b）。

> 小婴儿需要可以安全地伸手、握住、吸吮、摇晃、捶打和挤压的物品；需要可听、可视的物品，包括书籍。他们还需要地面空间来练习运动技能。

> 年龄稍大的婴儿和1岁儿童需要玩具来发展和运用他们的精细运动技能——用于创造和建构的材料、纸板和布书，以及拼图和钉板。要提供空间和设备，鼓励这个年龄段的儿童锻炼他们的肌肉。

> 年龄较大的学步儿喜欢用玩具和材料来解决问题，如需要分类的

物体、钉板、形状分类器和更复杂的拼图。比起低龄儿童，他们需要有更多细节的图画书。他们喜欢用熟悉的物品来玩游戏，如塑料食品、盘子、厨房用具、装扮服饰和可推动的东西。

上述年龄段的儿童需要舒适的空间，与成人和同伴建立情感上的支持关系。

个体适宜性

每天，当你与0—3岁婴幼儿互动时，你将观察他们的：
- 兴趣点；
- 热情的聚焦点和激情；
- 新兴的发展里程碑；
- 在某些活动中日益增长的独立性；
- 支持某些活动的持久需求。

你可以有意地使用这些信息，为游戏活动创造机会，并使课程个性化（Shin & Partyka, 2017）。

文化适宜性

以非刻板的方式为儿童提供"许多机会来建立对文化多样性的真实理解"（NAEYC, 2018, p. 30）。它们可能涉及反映各种文化的书籍、海报和食品，儿童家庭的照片，儿童的家庭和社区使用的语言，以及来自不同文化的音乐和艺术作品。

界定学习区域

请注意伊茜多拉的老师是如何在教室里安排物品的，以帮助伊茜多拉在充满信任的师幼关系中练习她正在萌芽的运动技能。

伊茜多拉（10个月）期待地看着教师，因为她看到了有趣的管道——一个2.5米长的尼龙管道，可供0—3岁婴幼儿爬行。教师说道："你可以爬过这个管道。我就在这里看着你。"教师观察着伊茜多拉小心翼翼地穿过管道的过程。当在管道的另一侧出现时，伊茜多拉绽放出笑容。她兴奋地爬到教师身边，获得了一个充满感情的拥抱。

"如果环境组织得很好，充满有趣的发展适宜性材料，那么它们就像教室里的第三位教师"（Reggio Emilia，n.d）。界定学习区域可以帮助你组织环境，使婴幼儿能够使用每个区域内相似的材料、玩具和设备。

如果小婴儿可以在安全的地方观察更为活跃的同龄人，那么他们将受益匪浅。要提供空间和平台，让婴儿躺在地板上，在开始爬行前练习挺起腹部、翻滚和挪动身体。如果地板上放置了地垫，那么两个婴儿可以并排地躺着，互相接触。地板上的这些垫子可以让儿童看到彼此，互相咕哝，互相微笑。要提供学习区，婴儿可以在那里尝试推理因果关系，比如用手和脚去敲打安全的材料。最重要的是，婴儿需要空间，教师可以抱着他们，给他们喂食，摇晃他们，让他们在教师的视线范围内在婴儿床上安然入睡。

不要将婴儿"集装箱化"（Porter，n.d.）。秋千、汽车座椅、游戏设施和其他限制性装置会阻碍儿童的身体发育。除非儿童的医疗状况需要，否则要让他们自由、安全地活动。

需要明确界定0—3岁婴幼儿的探索区域。下文中的"学习区域和材料"的表格介绍了在婴幼儿教室里的典型学习区域，以及鼓励婴幼儿参与活动和集中注意力的设备、玩具和材料等。请注意，你可以找到许多便宜的材料，如鞋盒、布条、衣夹和安全的容器，并将它们添加到你的环境中。要为婴儿和仍用嘴咬玩具的学步儿，提供安全、防止窒息的玩具。要谨慎而周到地选择以下材料：

> 可供处于多种发展水平的儿童使用；
> 具有年龄和个体适宜性；
> 一个儿童或许多儿童感兴趣；
> 对多个儿童都有挑战性；
> 邀请学步儿一起游戏或工作。

在每个区域内提供架子和容器。用图片和文字进行标记。儿童将学会对材料进行分类，并学习符号（图片和文字）的含义。

建立放置材料和玩具的储存箱，可以让你看到每个儿童的兴趣和能力，替换必须清洗的物品。定期更换架子上的玩具，同时保留儿童喜爱的玩具。

根据儿童的个人喜好，选择每天和每周摆放的材料。许多设备、玩具和材料保持不变，儿童就有具有一致性的环境，他们可以找到自己需要的东西。提供安静的休息区、沙水游戏区、画架、蜡笔和纸、积木和戏剧游戏材料。提供其他材料，如手指画颜料和橡皮泥，以供某一天开展特殊活动。与你的团队一起集思广益，为个人和集体制订计划，以提供学习机会并确保学习区域的吸引力。

学习区域和材料

学习区域	设备、玩具和材料
小肌肉运动/操作	• 精细动作玩具：摇铃、磨牙玩具、堆叠和分类玩具、嵌套篮子、棒状衣夹和盖子上有孔的罐子、系带珠子和板子、钉板、拼图、木偶、安全尺寸的球和容器。 • 塑料杯，供儿童探索大小，探究空间关系，进行创造，以及运用手部肌肉和眼睛。 • 有玩具图片的书，供儿童用小手指打开和合拢。
大肌肉运动/移动	• 短滑梯。 • 各种尺寸和形状的垫子，安全地堆放在不同的高度上，供儿童攀爬。 • 各种尺寸的球和篮子。 • 安全悬挂的丝质窗帘，儿童可以透过窗帘往外看，玩奔跑和追逐的游戏或躲猫猫游戏。 • 高大的纸板模型，儿童可以从里面往外看并跑来跑去。 • 大箱子，儿童可以从箱子里跳出来，爬进和爬出，箱子上的镂空窗户可以供儿童往外看。 • 关于爬行、行走、跑步和跳跃的书籍。 • 对于年龄较大的学步儿：木桩、护目镜、玩具锤、钉子。
积木建构	• 各种尺寸的木制积木、可粘积木、木头人和动物、玩具车、木制火车轨道和火车、遮蔽胶带、杜普洛积木①或类似的可粘积木。 • 可填充和倾倒的容器。 • 有关建筑设备和项目、火车和汽车的书籍。
创造	• 儿童尺寸的桌椅。 • 各种尺寸和颜色的蜡笔，不同类型的纸和可着色的纸板、砂纸及其他画板。 • 橡皮泥和工具：勺子、杯子、擀面杖。 • 适合学步儿：胶水和纸屑、棉球、贴纸、纱线、丝带。

---

① 乐高积木中专门针对3岁以下婴幼儿设计的系列积木。——译者注

（续表）

学习区域	设备、玩具和材料
创造	• 适合学步儿：画架和短桌上的纸、颜料、手指画材料、用于绘画的不同工具——海绵、不同大小和形状的刷子、带轮子的汽车。 • 适合年龄较大的学步儿：黏土和工具。
感官体验	• 防水围裙。 • 水桌或个人用的小菜盆——水桌玩具、水车、泡泡、海绵、漏斗、不同大小的塑料瓶、软管、浮沉玩具、娃娃、洗脸布、烤面包机、量杯和勺子、自然物品（如贝壳、大小适宜的石头、有安全边缘的木片等）。 • 粘贴纸：放在地上踩踏，放在墙上粘东西，将羽毛和其他材料粘在纸上。 • 有勺子和铲子的沙桌、侧面有孔的果汁罐（沙子能以有趣的方式流出来）、漏斗、铲子、勺子、容器和其他材料，以及塑料恐龙。 • 各种材料的样品和具有不同质地的（柔软的、粗糙的、丝滑的、有光泽的）物体（如砂纸和毛皮）。 • 气味盒。 • 可追逐和破裂的气泡。
阅读和写作	• 低矮的书架，儿童能够看到书的封面，并能轻松地拿到书。 • 舒适的座位（教师和儿童均可使用），以及供两个儿童一起看书的小角落。 • 供学步儿使用的枕头。 • 一篮子自制的书籍，上面有儿童、家庭、宠物等的照片。
戏剧游戏	• 家庭用品：小火炉、冰箱和水槽，锅碗瓢盆、食物和餐具，玩具电话，小杂货车。 • 装扮服饰：衣服要能代表儿童的家庭和文化，还要有几面镜子，以及制服、帽子、皮包和挂衣服的地方。 • 来自不同种族的玩偶和服装、假的婴儿奶瓶、毯子、小滑梯、玩偶床、小婴儿车和轮椅、毛绒玩具。 • 儿童熟悉的角色扮演材料，涉及医生、市场、餐馆等。

(续表)

学习区域	设备、玩具和材料
数学和科学探索	• 植物（无毒）。 • 有鱼的鱼缸，以及其他宠物（符合卫生规定）。 • 天然材料，如大小合适的石头、松果、树叶等，供儿童感受和分类。 • 安全尺寸的磁铁和放大镜。 • 照明桌和材料。 • 桌子上方设有镜子。 • 有关植物和动物的书籍。
舒适区	• 结实且令人感到舒适的毛绒玩具（专为学步儿准备）。 • 一面长镜子，牢牢地固定在墙上，没有安全风险，与儿童的视线水平相当。 • 一个一端打开的大盒子，里面有枕头和毯子，供学步儿使用。
休息和睡眠	• 婴儿用的婴儿床。 • 为学步儿准备的安全地垫。 • 学步儿从家里带来的毯子和安慰物。
户外活动	• 阴凉和休息的地方。 • 水盆或桌子、水上玩具（在暖和的天气里）。 • 小山丘、花园（如果可能）。 • 安全的可移动物品，如牛奶箱、盒子、木块、轮胎。 • 可以覆盖的沙地；容器、铲子、勺子、桶，以及浸湿沙子的水。 • 大的画笔和装水的小容器，儿童可以用来画人行道。 • 天然材料：岩石、贝壳、树枝、树叶、松果、泥浆、水坑、树桩。如果可能的话，要有儿童能看到、触摸和闻到的乔木和灌木。 • 小剧场，儿童可以进行戏剧游戏以及开展同龄人的社交游戏。

提供诸多的学习机会

教师有时会担心年龄较大的婴儿或学步儿想把所有的时间都花在教室里的小肌肉运动/操作区,请不要担心。当你有意识地在每个学习区域提供多种类型的材料,并有意识地与儿童互动时,他们就会在一天中到各个学习区域获得相应领域的发展。例如,在每个学习区域以及在换尿布或如厕等日常活动中,教师可以为儿童提供学习和使用语言及其他交流方式的机会。在所有区域提供材料和机会,能够支持——

- 师幼关系:可供教师使用的舒适的矮椅子或沙发,展示教师和儿童的手工书,建立信任、共同游戏并回应儿童需求的策略。
- 同伴关系:为两三个儿童提供的舒适小窝,在边上挖洞的盒子(以便年龄较大的婴幼儿握手或通过洞口偷看对方),许多婴幼儿喜欢的物品,对亲社会互动的支持,以及关于朋友的书籍。
- 情感体验:帮助儿童理解和表达情感的语言(谈论、歌唱和阅读有关情感的内容),有关情感和富有同情心的互动的书籍,有助于儿童重演熟悉的场景和解决情感问题的材料(需要照顾的玩偶、可以用来交谈的电话)。
- 语言体验:回应性语言互动,关于材料、经验和感受的谈论,书籍和照片,与儿童家庭中的物品相似的物品。
- 思考:为好奇心、实验、解决问题、掌握动机和观点采择提供的材料和支持。
- 动作和运动:除了保持平衡外,有使用大肌肉和小肌肉的机会。

创造意想不到的机会

要创造机会,培养儿童的好奇心、观察能力和调查能力。导致不平衡(困惑和质疑)的事件,能够激发儿童的调查兴趣,以找出更多的东西。观察意想不到的事情,能够增强婴幼儿学习和探索的欲望(Stahl & Feigenson, 2015, 2017)。

> 艾哈迈德(15个月)蹒跚地走到积木区,一个装着杜普洛积木的容器吸引了他的注意。他把所有的积木都扔到地上。他把两个杜普洛积木组合在一起,然后拿起一个看起来很奇怪的可粘积木。想象一下,当这块积木不能与杜普洛积木组合到一起时,他是多么惊讶。这到底是什么?艾哈迈德环顾四周,发现这堆积木中还有一块可粘积木。他把这两块积木粘在一起,然后四处寻找更多的积木。

当物体以意想不到的方式呈现时,0—3岁婴幼儿会注意到它们。艾哈迈德发现自己不得不比较这两种积木,并对它们的特性进行验证(Schulz, 2015)。他保持专注,用积木做了很长时间的实验。

要欣赏儿童好奇的眼神。好奇心激发了他们对学习的热爱。

与户外环境建立和谐的关系

随着时间的推移,儿童和教师与环境能够建立和谐的关系,以此深入探索和欣赏户外环境和大自然。要为儿童提供融入大自然、欣赏大自然的美丽和多样性的机会。如果可能的话,把户外活动带进室内,特别是在日常户外活动选择有限的时候。

户外和大自然以特殊的方式刺激儿童的感官（Honig，2015）。要给儿童到户外的充足机会。当乌鸦在天空中来回啼叫时，婴幼儿可能会警觉地倾听。年龄较大的婴幼儿可以闻到户外花园里花朵的芬芳。当知更鸟在草丛中寻找美味的虫子时，婴幼儿会全神贯注地盯着它们胸前的红色羽毛。带着兴奋的心情，学步儿可能是第一个发现春天的种子破土而出的人。在温暖的天气里，他们喜欢光着脚，在泥里扭着脚趾。如果你提供一个监管良好的浅水池，他们会很高兴地感受脚踩水的清凉快感。

户外探索对婴幼儿的身心健康和幸福至关重要（Honig，2015；Hopwood-Stephens，2015）。户外游戏：

- 让婴幼儿有机会使用他们的肌肉来跑、跳和攀爬；
- 为学步儿提供了用板条箱和木板等可移动物品来建构作品的时间；
- 当学步儿一起跑步、建造、爬、追、滑滑梯时，会点燃同伴游戏的火花。

阴凉的遮蔽是必要的。舒适的阅读和拼拼图环境，将鼓励儿童在需要时享受安静的活动。儿童尺寸的长椅和凳子有助于同伴闲聊或交谈。要确保有一个舒适的区域，供教师为正在探索的婴儿和充满活力的学步儿提供喘息的机会，这能够为关爱关系的发展创造机会（Wittmer & Petersen，2018）。一个小剧场可以吸引儿童进行社交互动和装扮游戏。

邀请儿童挖掘隐藏在沙子里的特殊石头或木制动物。当学步儿舀起和填满不同大小的容器时，他们能够学习"满、空、更多、更少、一半和整体"等概念，因为教师用这些词来描述游戏，并增加儿童的词汇量。在沙池中挖掘，可让儿童感受到沙子的颗粒质地。教师可以提供"馅饼罐"，儿童可以在罐子里装上微湿的沙子，将其做成"馅饼"。教师还可以给年龄较大的婴幼儿一块又大又湿的海绵，他们可以用海绵来清洗骑马玩具，然后把水挤进泥土和沙子里。

你可以拿着相机，和儿童一起去拍照，让他们告诉你要拍什么。然后你可以制作一个幻灯片，问儿童你在哪里拍的照片。有些儿童可能会使用简单的相机。他们的照片将帮助你更好地认识到他们看待世界的角度！

为家庭创设一个温馨的环境

什么让你感到舒适和受欢迎？你所在的机构如何让儿童的家庭成员感到受欢迎？

在托育环境中为成人提供舒适的场所，能够鼓励家长到访。一个允许家长在一天结束时舒适地坐一会儿的地方，能够满足他们的需求，鼓励他们与儿童重新建立关系。你也可以为母乳喂养提供一个安静的地方。

你可以在墙上和小相册里添加儿童生活中的重要他人的照片。如果小相册里有所有儿童的照片，或者墙上有"我们的家庭"的照片，那么来自不同文化的家庭会在环境中感到更舒适、更受欢迎。使用体现不同文化的海报，以及英语和儿童家庭语言的标签，让家长和来访者知道你认可、尊重和欢迎每一个人。

基于关系的回应性环境能够为儿童提供积极的情感联系和美妙的学习机会。界定学习区域有助于你创设一个具有年龄、个体和文化适宜性的环境。在教师精心创设的环境中，儿童能够产生对安全、爱和学习的需求，师幼、亲师和幼幼关系将蓬勃发展。

本章涉及的 NAEYC 早期教育项目标准和话题

标准1：关系
1.D 创设可预测的、具有持续性的、和谐的教室环境

标准2：课程
2.A 基本特征

标准3：教学
3.A 设计丰富的学习环境
3.B 创建充满关爱的学习共同体
3.E 回应儿童的兴趣和需要
3.F 让学习对所有的儿童都有意义

标准9：物理环境
9.A 室内和户外设备、材料和家具
9.B 户外环境创设

第十章

常规与关系

问候、换尿布和喂养等常规是课程中非常重要的组成部分——也是婴幼儿每天都需要经历的事情。在这些经历中，婴幼儿能够融入情感、社会、语言、认知和运动等各发展领域的学习。每一个发展领域都为儿童提高自我价值感、自我调节能力和心理健康水平提供了机会，因此教师可以利用大部分的常规活动来增进婴幼儿的早期亲密关系和促进婴幼儿的早期学习。

健康和安全是极其重要的。查阅你所在国家或地区的儿童保育准则与条例，获取有关如何在常规活动中确保儿童安全和健康的详细信息和规则。

通过回应性常规发展关系

每一项常规活动都有自己的节奏，婴幼儿会依赖它。通过每天可预知的顺序，常规能够为婴幼儿提供安全感，并且他们会对每天可预知顺序的活动感到熟悉。这是婴幼儿建立关系和促进学习的好机会。

欢迎新生和家长

当婴幼儿刚进入你所在的机构时，关注新生和家长的情绪，并发展你与新生和家长的关系是一项挑战，然而它们都很重要（Bang，2014）。

当婴幼儿第一次进入托育机构或过渡到另一个机构时,他们的压力很大。你的安慰和安抚行为可以让婴幼儿感到舒服并减轻压力(Bernard et al., 2015)。通过充满爱和亲切地呵护、拥抱刚来到新环境的儿童,你能够与他们建立信任感。

如果可能的话,在家长将儿童带到你的托育机构前进行家访,并鼓励家长带着儿童一起参观机构,和儿童待一段时间后再离开。你可以和家长聊聊儿童在家里的情况,比如喜欢被怎样抱着和喂养,以及最喜欢的食物是什么。你还可以询问家长,哪些人、玩具、音乐、动物和书能激发儿童的兴趣。你需要与家长一起谈谈他们对儿童的目标定位,以及他们的文化偏好。有了这些信息后——你可以根据这些信息,继续与家长交谈——你有条件为每名儿童提供一个灵活的、个性化的照护和学习方案。

提供富有同情心的问候

在熟悉分离的过程之前,对于大部分0—3岁婴幼儿来说,分离都是艰难的。你需要鼓励家长建立固定的"说再见"的习惯(Luckenbill, n.d.)。你要尝试与每一名家长和儿童热情地打招呼。当家长在早上说再见时,你要准备好温柔地抱着婴儿或学步儿,或者牵着学步儿的手看着家长离开,又或者引导他们开展一些新的活动。

当一名儿童经历家庭变故(比如搬家、父母离婚或弟弟、妹妹出生)时,他可能会再次感受到分离焦虑。你可以与学步儿交流其对这些变化的感受。如果一名学步儿在家长离开时感到难过并哭泣,你也许可以这样说:"当你的爸爸离开时,你会感到难过。我知道你想念你的爸爸,他会在你午睡后回来。你需要一个拥抱吗?"然后你可以建议这名学步儿去看看鱼缸里新来的鱼,牵着他的手说:"我想知道那条新来的鱼是不是藏在石头后面。我们去看看吧。"

带着同理心换尿布

卢卡（15个月）走到珍妮老师旁边说："便便。"珍妮回答说："哦，你大便了吗？"卢卡走到尿布桌前，珍妮紧跟在后面。诺瓦（15个月）的行为与卢卡大不相同，每当教师需要给他换尿布时，他都会抗议。珍妮与配班教师商量解决问题的对策后，决定尝试用一种新策略来帮助诺瓦，让他对换尿布感到舒服。珍妮坐在诺瓦旁边的地板上，当诺瓦玩完一辆巴士玩具后，珍妮说："诺瓦，换尿布的时间到了。你想自己走过去，还是想让我带你过去？"诺瓦惊叫："不！"珍妮说："我会牵着你的手，我们可以跳到尿布桌前。"当珍妮开始跳跃时，诺瓦看着她，开始试图抬起一只脚。

一名年龄稍大的婴儿或学步儿可能还没有准备好停止自己的活动去换尿布。你对此要保持敏感性，当观察到一名学步儿专注于玩玩具时，你需要反复呼唤她的名字："是时候换尿布了，米基。"等待这名儿童完成她的任务，是对她正在进行的活动的尊重。如果你必须快点换尿布，那么就告诉她是时候换尿布了，而不是突然过来将她带走。同时你要向她保证换完尿布后，她可以继续之前的活动。

如果一名儿童一直拒绝换尿布，那么请从他的角度来看看现在的情况。他在换尿布台上感到安全吗？这张台子对他来说足够舒适和暖和吗？

你可以让儿童参与到换尿布的过程中。当你换尿布时，用一种类似自言自语的语气和他说说你正在做的事情，这可以安慰并帮助他学习语言。在回应型教师换尿布时，婴幼儿能够学习语言、自助和自我调节技能（Laurin & Goble, 2018）。你可以将换尿布当作与儿童进行一对一的语言和情感互动的机会。

在换尿布时，如果只有少量教师在房间里，通常意味着他们需要照顾到其他儿童。14个月大的斯考特刚进入托育机构，每当她最喜欢的教师给另一名学步儿换尿布时，她都会发出刺耳的尖叫声。教师能够理解斯考特的行为，之后当她给其他婴幼儿换尿布时，她会将斯科特带在身边。

针对换尿布，每个州都有自己的许可准则。你可以张贴这些准则，供所有换尿布的成人进行查阅。

喂养和饮食：照护和沟通

婴儿和学步儿的日常喂食习惯有所不同。

婴儿。婴儿以各种方式表现饥饿。有些婴儿大声哭泣，另一些婴儿可能会抽泣或皱眉。要了解每名婴儿的信号，并在婴儿饿的时候喂他们。要喂饥饿的婴儿，尽可能满足他们的身体和情感需求，在你的照顾中培养他们对你的信任。

要用奶瓶给摇篮中的婴儿喂奶。一些婴儿会用力地吮吸瓶子，而另一些婴儿则随意地抿着，就像他们在海滩上晒太阳一样。另一些充满好奇的婴儿会在你喂奶时常常停止吮吸，多次环顾四周。要尊重每名婴儿的时间表，以及他们的个性和吃东西的风格。有些婴儿喜欢眼神交流，有些婴儿会闭着眼睛依偎在你的身上，并抓住你的一根手指。

哺乳期的母亲可以挤出奶，这样你就可以将她们的奶放在瓶子里，或者可以让她们从工作中抽出时间，直接给婴儿喂奶。要提供一个安静的地方，让她们从身体和情感上好好养育婴儿。

学步儿。在用餐时间，教师和学步儿一起吃饭，会带来团结友爱和令人愉快的感受（Mortlock, 2015）。当学步儿吃饭时，教师可以和他们坐在一起，并鼓励他们活跃地交谈，这些对话能够促进学步儿的语言发展（Degotardi, Torr, & Nguyen, 2016）。教师监管着学步儿吃饭，不会促进师幼或幼幼间的互动。教师可以认真地帮助学步儿用干净的餐布轻轻擦拭嘴巴，并在吃完饭后给他们洗手。当你这样做时，要使用描述性和充满关怀的话语，帮助学步儿提升自理能力，促进他们在语言和情感方面的发展。

在一些机构中，用餐时间的师幼互动较少发生（Hallam et al., 2016），只有少量教师在说话，对儿童的回应也很少。教师与儿童的沟通大多数都是一些命令，例如"吃你的饭吧"。相反，用餐时间应是儿童在高质量的教育机构中重要的社交体验。教师和学步儿能够谈论各种各样的话题，包括食物和学步儿最近的经历（Rhyner et al., 2012）。学步儿可以坐在矮椅子上，围坐在圆桌旁，这样他们就可以更好地与彼此互动。年龄稍大的学步儿可能会有自己的习惯（Mortlock, 2015），例如在等待食物时唱歌。教师需要欣赏学步儿在一起欢笑时所发生的社会联结。

抚慰、睡觉和小憩

婴儿有自己的睡眠时间表，每名婴儿都可能需要你用特别的方式来帮助其入睡。在他们出生的头一年，要让小婴儿仰卧睡觉（AAP[①]，

[①] 英文全称为 American Academy of Pediatrics，指美国儿科学会。——译者注

2016b），这样可以避免婴儿猝死。对于详细的健康和安全指导，请参阅你所在国家的儿童保育规章制度。

在午饭后和午睡前，洗手和刷牙等常规活动能够给学步儿增加舒适感，因为他们可以预测接下来将要发生什么。通常，他们会懒洋洋地走向自己最喜欢的毯子和感到舒适的物品，那些东西都在垫子上等着他们，然后他们会依偎在上面。一些学步儿可能想让你唱歌或轻轻地拍拍他们的背。其实每名学步儿都会提示你，他们需要什么来帮助自己入睡。当学步儿醒来时，你可以亲切地与他们打招呼，并引导他们在同伴没睡醒时进行安静的活动。

敏感的如厕学习

帮助儿童学习如厕的教师，参与了这个职业中最私密的工作。要谨慎处理学步儿学习如厕这件事。我们不需要训练他们。学步儿必须有便溺的感觉，然后必须及时赶到厕所。随着时间的推移，他们能够发现每种身体感觉的含义。他们能够学会停止玩耍，立马跑到厕所。这些技能很难学。

在协调和掌握打开与关闭尿道括约肌（用于小便）和肛门括约肌（用于大便）上的年龄差异非常大。一些学步儿使用小坐便器到24个月，还有一些学步儿总是喜欢动，很难一直坐着不动，学习如厕技能对他们来说可能更难。在入园前，他们可能无法掌握和协调好身体。

一些儿童特别害怕排便。他们不了解肌肉将大便从身体的后面排出时发生了什么，他们迫切地感到自己需要尿布。我们需要尊重学步儿在掌握如厕技能和肌肉协调能力上可能存在不同的时间表。羞辱或胁迫只会让他们感到更害怕、更不愿意学。这可能会导致他们对如厕活动产生心理和身体上的困难。教师需要耐心、敏锐地感受儿童的差异，温柔地加以引导，并接受每名儿童的时间表。

婴幼儿的如厕学习需要教师与家长的共同配合和努力。教师需要与家长一起，认真讨论婴幼儿学习如厕的前提条件，包括学习关于撒尿（小便）和拉大便（大便）的用词，了解需要便溺的感觉，以及能够在儿童尺寸的坐便器上坐一段时间。当家长理解这些前提条件后，你们更有可能以合作的方式共同决定婴幼儿如厕学习的时间表。化解家庭和机构之间存在的差异，需要开放式的沟通和有关学步儿身体和情绪方面的信息。在家庭和机构中保持一致，对儿童的成功至关重要。

不要担心学步儿是否会触摸自己的生殖器，他们对身体部位及其有什么作用感到好奇。这是正常的行为，如果你选择无视这些行为，那么它们就会停止。要告诉婴幼儿身体部位的名称，并简单地描述它们有什么作用。

放学时间

到一天结束时，婴幼儿似乎都累了，已经没有在白天玩耍时展现出来的热情和活力。一些学步儿需要体贴的教师将他们抱在怀中，虽然他们能自己行走得很好。当家长来接他们时，有些婴幼儿可能会跑到房间的后面或户外的游戏区。为了让婴幼儿在过渡环节中感到放松，要鼓励家长与孩子谈论，他们在回家的路上会看到什么或能做什么。

要尝试与每名婴幼儿和家长说再见。如果你的机构中使用类似"每日摘要"的表单，请分享给家长。如果可以的话，向家长描述婴幼儿当天学到或做过的特别的事情，例如"奥拉夫今天尝了西蓝花"或"坎达丝和马修今天互相模仿，尝试跳跃"。

创建一个贴心的日程表

日程表让托育机构中的一日生活变得可预测,这能让婴幼儿感到安心。请记住,当天的日程表只是指导方针,并不是一成不变的。为了积极响应每名婴幼儿的需求,你需要灵活机动。

婴儿

小婴儿有自己的日程表,他们在需要睡觉的时候打盹,在饿的时候吃东西。如果婴儿知道自己最喜欢的教师会照顾他们,以令人安心的语气与他们交谈,在他们饥饿时喂养他们,在他们疲惫时帮助他们入睡,并在他们醒来时在旁边与他们打招呼,那么他们会感到安全。

学步儿

通常,如果学步儿能够预知何时吃点心、在房间里玩耍、吃午饭、睡午觉、到户外以及回家,那么他们会感到安全。活动顺序比每项活动的实际时长更重要。在给定的一天中,婴幼儿似乎需要更多的游戏时间。随着一场突如其来的暴风雨,学步儿可能无法像往常一样出去玩耍,他们可能会表现得暴躁不安。教师需要提供简单、令人镇静的解释,帮助学步儿意识到在必要时需要改变计划。教师可以让他们看着窗外的倾盆大雨和冰雹,告诉他们出去会发生什么——他们会浑身湿透,冻得发抖!教师可以用"如果……会发生什么?"等句式进行询问,激发学步儿的思考,并帮助他们反思必须改变和适应的时刻。

当长时间的集体活动已不适合学步儿时,如果你用充满热情的声音说"我想读一本关于熊的书给你们听",那么他们通常会跑过来并坐下听。其他人可能正忙着玩,不想聚在一起,请尊重他们的选择。在游戏时间，可以对个别儿童发起阅读书籍或唱歌的活动，并在他们对这些活动感兴趣时做出回应。你可以邀请一小组儿童，与他们分享一些特别的东西，例如一朵美丽的花或在户外爬行的毛毛虫。

下面介绍了一个典型的学步儿或混龄组时间表的范例。许多儿童在到户外前需要吃点心或喝点水。这不是永远一成不变的时间表。在一天中，许多学步儿会积极地参与一个活动（例如玩盒子），早上的室内游戏时间可能会更长。请记住，在游戏时间里，你的角色至关重要：要在情绪上更饱满，有意识地观察儿童正在学习的内容，并有规划地帮助他们。

学步儿或混龄组时间表范例	
个性化的晨间问候、早餐（在许多机构中提供）、儿童选择/教师参与的游戏时间	7:30—9:00
点心和问候歌曲	9:00—9:30
室内游戏时间——儿童选择/教师参与的游戏时间 在游戏时间里，与有兴趣的个别或一小组儿童一起唱歌、讲故事	9:30—10:30
户外游戏时间	10:30—11:30
午餐时间	11:30—12:30
午睡时间	12:30—14:30
起床和游戏时间	14:30—15:00
点心时间	15:00
室内或室外儿童选择/教师参与的游戏时间	15:30直到儿童回家
告别时间：为婴幼儿唱告别歌曲，或者使用其他令人安慰的方式	在儿童回家之前

贯穿一天的引导过渡

过渡环节是你和婴幼儿改变正在进行的事情的时刻。这个时刻对每个人来说都具有挑战性,会引起压力和焦虑,除非你能够帮助婴幼儿预测接下来会发生什么。当学步儿沉浸在他们的游戏中时,他们通常不想改变正在进行的活动,去餐桌上吃饭或到户外活动。当学步儿在户外时,他们往往不想再回到室内。洗漱时间对于学步儿来说尤其具有挑战性,以下是让每个人更容易地度过过渡环节的一些方法。

➢ 了解你的目标是帮助每名婴幼儿感到安全。

➢ 延长婴幼儿的游戏、吃饭或户外活动时间,尝试降低过渡的频率,从而让他们不会感到太匆忙。

➢ 尽可能与时间表保持一致。当婴幼儿知道每天按顺序发生什么时,他们会感到更舒服。当每天的常规活动都一样时,学步儿会在整理玩具后走到门口,然后和教师一起出去。

➢ 当游戏时间接近尾声时,要给学步儿语言和非语言提示(拿起一张图片，唱首歌，播放一段音乐）。你可以制作一段歌曲，并固定使用它，以表明现在是过渡环节，例如歌词可以是"现在是收拾时间，现在是收拾时间，是时候把我们的玩具收起来了"。

- 谈谈过渡环节和之后会发生什么。可以说："我们现在要把玩具收起来，然后我们要出门。"
- 在收拾时间，以愉快的语气给出明确的指示，并提供积极的反馈，例如："托马斯，这是蓝色积木。请把这个积木和其他积木一起放在架子上。谢谢。你收拾得真快！你把蓝色的积木放在了第一个架子上。"
- 在架子和柜子上粘贴图片和文字标签，便于婴幼儿进行收拾。
- 到了该吃饭或出门时，每天唱同样的歌曲。你可以创作属于自己的歌曲，例如："现在是吃饭的时候了，吃我们的饭，吃我们的饭。现在是吃饭的时候了，在这美好的一天和你在一起。"
- 到了回教室的时候，创建一种仪式。例如，有节奏地齐步走，试着像老鼠一样悄悄地走，或者手牵手走。
- 婴幼儿可以在等待的时候（比如在等吃午餐时）唱歌并玩手指游戏。

常规活动和过渡环节是你展现善良、体贴和尊重的回应性时刻。在这些时刻里，当你用恰当的情绪来满足婴幼儿的需要和学习时，你能够帮助他们提升在所有学习领域的发展。

本章涉及的
NAEYC 早期教育
项目标准和话题

标准 1：关系
1.D　创设可预测的、具有持续性的、和谐的教室环境

标准 2：课程
2.A　基本特征
2.K　健康和安全

标准 3：教学
3.B　创建充满关爱的学习共同体
3.D　通过时间、小组和常规来达成学习目标

第十一章

创设回应性学习机会

0—3岁婴幼儿课程指的是他们在预设和生成的体验中学习的所有内容（Wittmer & Petersen，2018）。成人有责任为婴幼儿创设学习机会：

> 在基于关系的回应性课程中，婴幼儿和家长的每一周、每一天甚至每个时刻的需求和兴趣，都引导着教师规划流程。婴幼儿教师不是通过一份活动清单来规划课程，而是通过观察婴幼儿在所有发展领域的行为和学习来规划日计划或周计划（Wittmer & Petersen，2018，p. 319）。

当婴幼儿能够在丰富的环境中充分探索时，他们能够茁壮成长。下面列出了一些机会：

- 与充满爱心的成人建立积极的情感联结；
- 在友爱的环境中与同伴游戏；
- 专注于玩适龄的、适合个体的并与文化相匹配的材料和玩具；
- 沉浸在精心设计的环境中，其中包括能提供丰富的学习机会、建立积极关系的室内和户外环境；
- 与对婴幼儿的学习起到鹰架作用的教师和同伴进行互动。

只要遵循一条清晰且丰富的轨迹，你就可以给婴幼儿提供积极的学习机会。以下步骤将带你达到目标：

- 观察并记录儿童的兴趣和学习情况；

- 利用观察来规划回应性课程；
- 认识每个活动、玩具和材料的潜力；
- 发现适用于活动的材料和环境；
- 反思和理解你的课程是如何实施的。

观察并记录儿童的兴趣和学习情况

观察是促进儿童发展、学习和建立人际关系的关键因素。这个过程就是"认真并专注地倾听儿童"（Gandini & Goldhaber, 2001）。它始于教师有兴趣地关注每一名儿童的发展、学习和兴趣。聪明的教师同样想知道一个充满关怀的学习共同体是如何发展起来的，又是如何学习的。

有几种基于关系的方法，用以观察、记录和分享婴幼儿的兴趣、发展和学习，然后根据相关信息来进行个性化的设计。这些观察方法鼓励教师"使学习可见"（Rinaldi, 1994）。当你这样做的时候，家长、其他教师、儿童和团队成员都能欣赏到每名儿童的意愿和发展。

通过展示儿童知道什么和能做什么，你能够让学习变得可见。以下是一些实施方法：

- 对儿童的工作情况进行记录和拍照；
- 收集儿童的艺术作品，并将其分享给其他儿童、教师和家长；
- 记录儿童的学习故事；
- 举办展览和创建文档；
- 制作作品集。

记录儿童的学习故事

要记录和分享儿童在课程中做和学的故事。要创建属于他们的学习故事，并给家长留下撰写观察记录和粘贴照片的位置（MOE, 2004）。下面有一个记录学习故事的范例。你可以使用表格里的内容给儿童规划接下来的步骤。经过家长的允许后,你可以将故事贴在布告栏中,然后将这些故事收集在记录儿童兴趣和成长过程的文件夹中。

学习故事记录表		
儿童:	日期:	教师:
观察和反馈计划		
丹尼尔今天非常享受地躺在地上看书。他专注地看了约5分钟。他翻书并专注地看每一页。他在看书时似乎感到平静并有安全感。他时不时地看看教师,好像要分享他的发现。教师用赞赏的语气对他说:"丹尼尔,你在看书呢。"		
儿童学到了什么		反馈计划
丹尼尔手眼协调地翻阅这本书。他展现了自己的专注能力。他在解决如何翻书的问题。他在听教师说话时锻炼了接受性语言能力。		当丹尼尔躺着的时候,我们会给他提供更多的书。当他翻过身时,我们会把一本书摆在他的面前,鼓励他探索另一种看书的方式。 我们向他的家长询问,他在家里喜欢看什么书。他似乎喜欢手眼协调地活动,所以我们会给他更多地提供需要精细化动作的活动。
家长意见		

举办展览和创建文档

每到新学年,或者当一名新生加入你的课程时,请家长在表格上签字——同意你给婴幼儿拍照,并同意在你想要举办展览和创建文档时,将婴幼儿的照片贴在墙上或走廊里。

展览包括布置照片、婴幼儿的工作范例(比如,学步儿的涂鸦作品)以及供家长了解的信息等。教师可以将它们布置在墙上和走廊里,最好将部分展览布置得低一点,这样婴幼儿更容易看见。教师也可以将照片制作成卡片,并用即时贴将其粘贴在墙上,这样婴幼儿就可以扯下并带走照片。

以下是一些可以提升儿童、家长和教师的愉悦感的展览内容。

- 婴幼儿游戏情景和他们为了达到目标而努力"工作"的照片。例如,一个小婴儿摇着手摇铃,为了玩游戏而举起双手,锤打一块钉板,或者在坐着阅读一本心爱的绘本时,一边指着图片,一边喃喃自语。
- 儿童的艺术作品范例。比如,一名学步儿画的一条线,并附有标题——"我正在学习使用手部的小肌肉——我正在学习创作"。
- 儿童的近照旁粘贴着他们刚出生时的照片,并附有标题——"看我是如何成长的"。
- 给家长的手册和其他信息。
- 文字和图片形式的一日作息时间表。
- 一周特别活动的信息。

教师可以将展览活动作为儿童复习的一种途径。例如,让儿童看着一组照片(有搭积木的照片,有专注地给洋娃娃洗澡的照片,也有和同伴紧紧地依偎在一起看书的照片),谈一谈他们当时在做什么。

创建文档则突出强调记录有关儿童兴趣和学习的案例(Seitz, 2008)。

文档通常包括一组照片,并且将教师、家长和儿童的注意力集中到儿童学习到了什么和如何学习上。

为了创建文档,观察通常从教师和家长感兴趣的探索性问题开始。以下这些问题是有启发性的,并且能够引起成人的注意。

- 婴幼儿如何互相交流(包含他们的面部表情和手势)?
- 婴幼儿在游戏的时候学习到了什么?
- 学步儿是如何玩积木的?他们学习到了什么?
- 儿童如何运用手部的小肌肉?
- 婴幼儿如何表现出关心、安慰和善良?
- 儿童在使用手势和需要身体摆动的音乐活动中学习到了什么?
- 学步儿如何专注于他们感兴趣的活动?
- 当学步儿的愿望不能被立刻满足时,他们是如何随机应变的?

当你与搭班教师和家长合作时,你们将会想到更多的问题,引发对儿童的兴趣、发展和学习的研究。创建文档能够给你带来丰富儿童环境和学习经验的更多想法。

制作作品集

为每名儿童制作作品集是收集信息的一种方法。你可以制作家长可以访问的数字作品集,当然也可以使用三环活页夹。你可以在作品集的封面上写明儿童的名字、年龄并粘贴儿童的照片。如果你在年初就开始制作作品集,并且在接下来的一年中不断增加内容,那么你就会获得一本记录每名儿童成长的作品集。作品集中的每个条目通常都要标上日期。作品集可以包括以下内容。

- 儿童成长里程碑的照片(来自教师或家长),比如一名婴儿第一次用夹子夹起食物的照片。

- 儿童的一系列动作的照片。照片下面写明儿童说了什么,做了什么,学习到了什么。如果照片中有几名儿童,可以在每名儿童的作品集中都放入这张照片。
- 说明儿童如何学习(比如一个学步儿试图将物品放入开小口的大塑料容器里)的照片或笔记,强调儿童使用不同的策略来实现目标的实际情况。
- 捕捉到儿童的情绪、社交、语言、思维、运动的发展和学习时刻的照片或笔记。
- 儿童的艺术作品。

家庭介入观察和记录

家长是观察和记录儿童的兴趣、学习策略和各领域发展、优势及需求的重要成员。家长可以将家里拍的照片添加到儿童的作品集中,这样就会形成一种方案,有助于家校合作收集有价值的信息。要保证家长全年都可以随时查看这些作品集,并在年末时将其带回家。

要鼓励家长在宣传栏和文档上留下反馈意见。你可以让家长更深入地参与其中,同时你会得到更多的建议,以帮助你规划儿童的学习机会。

使用早期学习指南

为了有效地进行观察和规划,你需要了解典型的儿童发展阶段。这种认知可以印证你的观察,也能给你的工作带来乐趣。当你更细致地观察时,你会察觉到那些微妙的开端和发展阶段中细小的进步。例如,你会欣喜地发现婴儿的双手能够握在一起,这意味着他们很快就能将物品拼在一起,并获得关于物品的更多知识,以及学习如何玩拍手游戏。你可以与搭班教师和家长分享你对儿童新发展的喜悦之情。

要了解儿童发展的顺序,请参阅早期学习指南,指南涵盖儿童从出生到3岁的发育过程。以《北卡罗来纳州婴幼儿学习与发展指南》(North Carolina Foundations for Early Learning and Development)和《开端计划早期学习结果框架》(Head Start Early Learning Outcomes Framework)为例,它们均包含了儿童的学习方法和社会、情绪、语言、认知及运动领域的发展阶段。许多早期学习指南还包含对各个领域和各年龄段儿童的活动建议。你可以将你所在州的信息与其他州的信息进行比较,从而有更广泛的理解。

许多机构中都使用了评估工具来衡量和记录儿童的发展。你可以使用评估工具和早期学习指南来了解儿童的发展阶段,记录每名儿童的成长,并为你照护的每名儿童规划学习的机会。

同样重要的是,早期学习指南和评估工具并不能捕捉到婴幼儿的兴趣、目标、策略、优势和需求。观察往往能告诉我们关于儿童的能力和如何做计划的信息。例如,评估工具通常不会考虑到不同儿童掌握同样技能所需时长的个体差异。正常的时间线可能会比较短——一个"窄窄的窗口期"(Honing, 2014),比如他们用拇指和食指拿东西(捏)。时间线也可能会比较长——一个"宽宽的窗口期",比如他们学会稳稳地行走,清楚地表达,或者掌握如厕能力。

如果你同时进行观察、记录并使用早期学习指南和评估工具,那么你可以紧跟儿童的脚步,了解他们的需求。

利用观察来规划回应性课程

你可以利用对儿童的观察和有关儿童发展的知识,为每名儿童和小组规划鼓励互动的适宜性环境。

规划包括准备、安排、改善和调整互动、活动及环境,以促进每名儿童与小组的联系和学习。规划应该符合婴幼儿的年龄、独特的兴趣和文化。例如，一名婴儿可能在精细动作方面存在困难。根据你的观察和与家长的讨论，你可以调整与这名婴儿的互动方式，以鼓励他使用手部和眼睛。你可以将五颜六色的摇铃放在婴儿的手边，鼓励他拿起来摇晃。你也可能会观察到一名学步儿试图拿起画笔却失败了。你可以给他提供一些锻炼手部肌肉的活动。这两个案例都是具有回应性的个性化规划。

建立关系的规划

基于关系的规划通常包括利用儿童的兴趣来建立师幼关系和儿童之间的同伴关系。对于爱拼拼图的儿童，你可以用靠墙的桌子和两把椅子来规划有吸引力的拼图角。对于热衷于玩水的儿童，你可以给每名使用水桌的儿童提供足够多的漏斗、杯子、过滤器和勺子。最好给学步儿提供摆成正方形的四桶水。学步儿拥有自己的桶和材料，就可以看到同伴并与同伴交流。你可以在某一天投放洋娃娃，这样学步儿可以用海绵和布来清洗和擦干洋娃娃。你还可以给儿童提供毯子，这样他们可以将洋娃娃裹起来，铺着洗碗布的鞋盒对于洋娃娃来说是舒适的床。同样的玩具不应只提供一个。在一个大的沙坑里，一个桶并不适合同伴关系的建立，反而会引发冲突，而五个带勺子的小桶和一个大桶可以让儿童合作填满大桶。

通过观察儿童个体的目标、兴趣和经历来进行规划

要每天或每周观察和记录每名儿童的兴趣和意向。注意儿童正在学习什么，并且思考你可能规划什么来拓展它们。例如，年龄较大的婴儿可能有兴趣探索视线之外的物体去了哪里。为了帮助儿童发展客体永久性，教师可以提供更多的布，让儿童将玩具藏在布的下面，或者提供一些可以让玩具消失但很容易找到和取出玩具的容器。

我们称这些做法为回应性日常规划。要注意是什么引起了儿童个体的兴趣，增进了他们的专注力和对学习的热情。如果镜子突然吸引了婴幼儿的注意，那么可以多提供几面镜子，并花更多的时间与婴幼儿一对一地探索镜子。如果一名学步儿很喜欢观看教室附近铺路的施工设备，那么可以在积木建构区添加工程车，并用胶带在地板上铺路。

要以儿童的家庭经验为基础。一个儿童新添了一个弟弟或妹妹吗？教师可以为学步儿提供洋娃娃和柔软的动物玩具、摇篮或娃娃床、瓶子、小高椅、毯子、小浴缸和海绵（用来洗洋娃娃），以及儿童滑翔机。最近这个家庭去过动物园吗？教师可以在区域里添加木制动物玩具，以及可以被当作动物之家的纸板箱。教师还可以给儿童提供关于动物的绘本，鼓励他们一起阅读。

当你观察到什么激发了儿童的兴趣，然后提供促进其学习的材料和经验时，你就成为一名反应灵敏的课程规划者。

基于团队目标和兴趣的规划

回应性规划也建立在婴幼儿的共同兴趣之上。如果多名学步儿都在玩手摇玩具，那么你可以创设一个手摇玩具课程。你可以拍摄儿童用各种姿势玩手摇玩具的照片。小婴儿可能倾向于摇晃某些特定的玩具，请确保多提供一些这样的玩具。要寻找能发出不同声音的材料，与儿童一起思考它们的不同。要为婴儿提供一些可以摇晃的物品，这可能引发他们敲击物品。你可以对手摇玩具课程进行文档记录，解释儿童在做什么，以及他们如何倾听在敲击不同的物体时产生的不同声响。家长和其他教师会很有兴趣地了解这些小婴儿如何进行声音实验和建立因果关系。你可以用文档来证实婴儿在"让事情发生"的实验中如何发展自己的能力。

也许你会看到学步儿小组对水非常着迷——水从哪里来，要到哪里去。你可以考虑创设一个关于水的课程。对于下面的"基于儿童玩水兴趣的规划"的表格，你可以进行参考，将一些想法添加到你的既有环境中，并基于儿童的兴趣与儿童一起进行探索。

基于儿童玩水兴趣的规划	
学习区域	设备、玩具和材料
小肌肉运动/操作	找一条可以充水的橡胶鱼玩具作为可操作的教具。为感兴趣的学步儿提供将水倒进或倒出不同大小的容器的机会。帮助他们观察等量的水如何装满一个容器，却装不满另一个容器。
大肌肉运动/移动	如果可能的话，找一个好玩的水垫，让学步儿在上面爬或走。在小组中唱"划、划、划你的船"，一边唱歌，一边假装划船。假装在水中像鱼一样游动。
积木建构	积木和建构玩具总是有用的。
创造	提供大的湿海绵，让儿童在室外"画"人行道或停车位。与学步儿谈论他们所看到的事情。
感官体验	在带有铲子、漏勺和水桶或容器的水桌上，添加一些玩具鱼。提供小网，以用于捕鱼。提供一些会沉下去和浮起来的物品、小水车、软管和不同尺寸的容器。
阅读和写作	找一些关于水的绘本，并将其添加到阅读区。给组内的儿童阅读绘本。
戏剧游戏	用瓶子装水，并喂洋娃娃喝水。提供水桶，供儿童装水，给洋娃娃洗澡。提供肥皂、小毛巾和毯子。
数学和科学探索	将水装在小容器里并进行冷冻，然后将冰块扔到水桌上。找一根塑料管，让学步儿将水倒入管子的一端，看看水从管子的另一端流出来。
舒适区	提供毛绒的鱼玩具。
户外活动	用小容器装水，并将水倒在沙桌上。让儿童说一说加水后的沙子的变化。
音乐	为0—3岁婴幼儿唱"水之歌"。

(续表)

学习区域	设备、玩具和材料
特别活动（如散步、访问）	询问家长是否知道儿童在外出散步时可以到哪里看鱼。
家庭	问问家长，学步儿可能对水存在什么疑问，以及他们在家里喜欢用水做什么事情。

你可以询问学步儿："你喜欢用水做些什么？"他们可能会回答"喝""洒"或者"制造泡泡"。你可以用照片记录下他们的答案，然后展示给家长和其他教师，也可以供学步儿回顾自己的想法。学步儿可以在你提供的学习机会中进行选择。除了水之外，他们的兴趣可能涉及同伴、情感、空间关系、好奇心和其他领域的主题。对于婴儿来说，这些主题可能包括空间关系、客体永久性、因果关系，以及"上和下"或"开和关"等相反概念。要始终跟随儿童的步伐，以拓展他们的兴趣和学习策略，比如提供手摇玩具，允许儿童将物品放入容器或取出，以及进行关于因果关系的实验。你可能没有开展这些活动的所有材料，但是你可以慢慢地收集材料。你也可以与另一位教师共享材料。你可以在附录中找到一张基于儿童的兴趣进行规划的空白表格。

要注意：时刻关注儿童玩水时的安全问题。儿童可能会在几厘米深的水里溺水。该主题活动主要适合学步儿。

在第十二章中，我们提供了另一种规划的方式，将绘本作为儿童小组的兴趣核心。例如，你可能会观察到小组中的学步儿正在表达情绪，并且仍在学习如何理解他人的情绪。你可以找到关于不同情绪的绘本和儿歌，并在学习区域中添加其他材料，以支持学步儿的情绪发展。

认识每个活动、玩具和材料的潜力

露露（4个月大）在地板的厚垫子上仰卧着。她微笑地抬头看着萨姆老师，试图引起萨姆的注意。萨姆凑近露露，温柔地对她说："嗨，露露，你看起来很高兴。"露露用微笑回应萨姆，并发出轻轻的咕咕声。萨姆也学露露，对她发出咕咕的声音，然后拿起一个手摇铃，在露露的手前轻轻地摇了摇。露露伸手抓住了手摇铃。

在这个简单的互动中，露露学到了很多。她觉得自己能有效地引起萨姆的注意。她从教师的友善态度中获得了信任感。她听到了教师发出的声音，并判断哪些声音更像是模仿她的声音。她看到了手摇铃，伸出手并成功地抓住了它，她的手指绕在了手柄上。她盯着手摇铃，然后摇了摇。当手摇铃发出声音的时候，她又摇了一次。她对自己有能力"让事情发生"产生了信心。

每一次经历都蕴藏着婴幼儿学习和发展的潜能。在下面的例子中，你觉得丽贝卡学到了什么？

丽贝卡（11个月）坐在一组厨房用具旁，这些用具挂在坚固的架子上。她拿起勺子，挥动着餐具。她兴高采烈地敲着餐具，创造出有不同声响的交响乐。费利西娅（10个月）爬过去查看是谁发出的声音。丽贝卡挪了挪，腾出地方，让费利西娅坐在她的旁边。

这里正在发生多种学习，全部描述它们有点困难。丽贝卡在学习空间感和因果关系。她在培养一种"我能行"的态度。她正在通过与费利西娅的积极互动来锻炼自己的社交技能,并且很享受自己发出的声音。她是一个积极的学习者。你需要在每个活动中寻找婴幼儿的潜能。

发现适用于活动的材料和环境

许多教师活动手册上都有一些你能够与婴幼儿一起尝试的点子。当你阅读这些活动方案时,要判断你所照护的儿童是否会:①喜欢它们;②能从中进行学习。例如:你的教室里至少有几名学步儿喜欢将不同大小的球扔进大肌肉运动区的篮筐里吗?你为什么这么想?为了满足小组的兴趣、优势和需求,你需要做哪些调整?有些儿童可能已经准备好玩更小的球,而其他儿童则需要更大的球。你需要明智地判断什么活动是合适的,以及如何对其进行调整,以更有益于儿童的学习和发展。

反思和理解你的课程是如何实施的

当你实施基于关系的回应性课程一段时间后,要留出时间与搭班教师一起反思你们的观察。以下是一些你判定自己的课程有效的条件。

- 所有的0—3岁婴幼儿都愿意花时间和你待在一起。你经常蹲下来,与他们等高,因此他们愿意接近你,坐在你的膝盖上,递给你玩具,或者依偎在你的身旁。
- 年龄较小(不会走动)的婴儿愿意和你待在一起。你可以抱着他们,或者让他们躺在你的旁边。他们可能在练习做动作。他们可能正在跟你玩一种发出咕咕声并微笑的互动游戏。除非有特殊需求,否则你不应该将他们安置在汽车安全座椅或其他限制其行动的设施上。
- 年龄较大的婴幼儿会与你、同伴和环境中的材料进行互动。有迹象表明，他们非常乐意参与活动并学习。他们能够表现出——

- 专注力：儿童的注意力被吸引到活动上。
- 精力：儿童能集中精力，有时兴高采烈。
- 面部表情：儿童常常有严肃的表情或仔细倾听的样子；他们也常常微笑。
- 坚持力：儿童不会轻易分心，他们表现出对玩具和材料进行考察或使用的决心。
- 满足感：儿童看起来很开心、满足，并为他们的成就感到骄傲。比如，用毯子将一个娃娃裹起来，或者将软球丢进一个容器中。

> 儿童正在体验幸福、低压力、友爱和令人兴奋的关系。
> 儿童正在成长和学习。
> 家长感到被尊重，并且能够愉快地与教师相处。

婴幼儿课程中没有屏幕时间

婴幼儿需要成人的回应性互动和有趣的环境，才能成为有热情的学习者。一项针对2400名加拿大婴幼儿的研究发现，婴幼儿每周平均有长达17小时的屏幕时间（涉及电视、电子游戏、计算机、平板电脑和智能手机）。学步儿暴露于屏幕前的时间越长，预示着3岁时的发展分数越低（Madigan et al., 2019）。而视频聊天被认为是积极的屏幕时间，因为儿童参与了具有回应性的社会互动（Kirkorian, Choi, & Pempek, 2016）。美国儿科学会（AAP, 2016a）建议小于18个月的婴幼儿不要看屏幕，18—24个月的婴幼儿只能与成人一起观看有限的高质量节目，2岁以上的儿童每天只能有1小时的屏幕时间。教师可以与家长分享一些关于屏幕时间的信息。家长需要决定婴幼儿在什么时候、什么地方及为什么能够在家里花时间看屏幕。

第十一章 创设回应性学习机会

教师的规划基于关系的建立、儿童的目标和兴趣,以及小组的兴趣。要跟随每一名儿童的脚步,了解他们的需求、兴趣和关注点。每一次经历都能够为儿童提供在所有的发展领域内进行学习的潜能。

本章涉及的 NAEYC 早期教育项目标准和话题

标准 1:关系
1.D 创设可预测的、具有持续性的、和谐的教室环境

标准 2:课程
2.A 基本特征
2.J 艺术的创造性表达与欣赏

标准 3:教学
3.A 设计丰富的学习环境
3.B 创建充满关爱的学习共同体
3.D 通过时间、小组和常规来达成学习目标
3.E 回应儿童的兴趣和需要
3.F 让学习对所有的儿童都有意义
3.G 通过指导加深儿童的理解,促进儿童掌握知识和技能

标准 4:儿童进步评估
4.B 使用具有发展适宜性的评估方式
4.C 明确儿童的兴趣和需要,描述儿童的进步
4.D 适应性课程、个性化教学和信息化课程开发

第十二章

更多的课程理念：唱歌、音乐和阅读

在生命的前三年里，养成对书籍和音乐的浓厚兴趣对儿童非常重要。因此，我们将用一章的内容来讨论与婴幼儿一起唱歌、欣赏和创作音乐，以及享受阅读的理念。

唱歌给儿童听并与他们一起唱歌

跟婴幼儿一起唱歌有助于培养师幼关系和婴幼儿的同伴关系。在唱歌时，一个儿童可能会坐在你的腿上，或是几个儿童围坐在你的身边。这时，你会看到每个儿童的脸上都洋溢着笑容。

在游戏时，学步儿能够快乐、自信地哼唱着熟悉的歌曲，感到旁若无人。唱歌活动中经常会提及名字，因此，他们可以轻而易举地记住自己和同伴的名字。如果在唱歌时教师用到了他们的名字，那么他们会非常开心。如果教师叫到其他学步儿的名字，那么听到谁，他们就会指向谁。学步儿回家后如果唱起新学的歌曲，成人可能会对他们的记忆力和学习能力感到很惊讶。最重要的是，唱歌还能表达快乐，有助于师幼关系和同伴关系的发展（Fink & Marxer, n.d.）。

在一天中，我们可以有很多时间跟儿童一起唱歌，并且唱歌给他们听。唱歌不仅能培养儿童对音乐的兴趣，而且对其发展很多能力都有帮助，具体包括：

> 社会情感能力的发展。当婴幼儿跟同伴分享、轮流、合作，用唱

歌表达情感，练习自我约束（比如等待下一首歌开始）时，他们的社会情感能力会得到发展。唱歌有助于婴幼儿获得积极的情感体验和情感联系。

- 语言能力的发展。儿童在唱歌活动中能习得新的单词（词汇）、语序（句法），更重要的是，他们喜欢用新颖的方式来聆听和使用语言。此外，他们在唱歌时能学到节奏和韵律，这都是掌握早期读写能力的关键，并且是其发展阅读能力的基础。
- 读写能力的发展。在唱歌时，教师会给婴幼儿看很多的图片和文字，这些都有助于培养他们的读写能力。
- 对不同家庭和文化的了解。当儿童唱来自不同家庭和文化的歌曲时，他们会了解不同的家庭和文化。如果可以的话，教师可以用其他的语言唱这些歌。此外，教师还可以邀请家长参与，跟婴幼儿一起唱歌。
- 思维能力的发展。在唱歌活动中，儿童的思维能力（包括数数、找规律、排序以及记忆）会得到发展。例如，在唱儿歌《小小蜘蛛》(*The Itsy-Bitsy Spider*) 时，教师可以给婴幼儿看蜘蛛的图片——花园的灌木丛中有一张蜘蛛网，网随风摇动，蜘蛛也随着摇动。婴幼儿可以边摆弄蜘蛛玩偶，边唱歌。在这个过程中，他们能够知道什么是象征符号，也能习得"蜘蛛"这个词。

在过渡环节中唱歌，可以暗示下一个环节即将开始，并且让婴幼儿喜欢过渡活动。过渡环节通常包括起床、洗漱、准备外出和告别时间。

有些歌曲有助于婴幼儿放松，他们喜欢旋律和舒缓的节奏。特别是对于烦躁不安的婴儿，摇篮曲尤其有效（Honig, 2005）。

教师可以为某个儿童或一群儿童改编歌词，比如歌里有一些他们很感兴趣的细节或事物。教师还可以创编一首新歌。比如，你可以在歌中这样唱："莫莉在这里，你好，莫莉。奥马里在这里，你好，奥马里。"

你也许会担心自己唱得不好，但婴幼儿并不关心这些。他们很乐意跟你在一起，听着你的声音。他们喜欢跟群体在一起的感觉，这让他们有归属感。

听音乐和介绍乐器

欣赏和创作音乐能启发婴幼儿，促进他们学习。帕拉基安和勒纳（Parlakian & Lerner，2016）建议，可以用以下方式培养婴幼儿的音乐兴趣。

- 把婴儿抱在怀里，跟着音乐的节奏，轻轻摇晃。
- 帮助婴幼儿跟着音乐晃动身体。给他们介绍不同的节奏，并观察他们能否根据节奏变换身体动作。
- 介绍不同文化的音乐。

有很多很棒的儿歌，会激发你和婴幼儿跟着音乐唱歌和跳舞的热情。你可以自制一个音乐箱，里面放各种自制乐器，这样年龄较大的婴幼儿就可以尝试自己演奏出一些声音。你可以从网上找到很多自制乐器的方法，用来自制雨棒、摇摇感官箱、木琴、吸管口琴、纸盘铃鼓和麦片盒吉他。你还可以准备不同材质、不同大小的锅和盘子，让婴幼儿用一个大勺子进行敲击。以下还有一些提供和演奏乐器的方法。

- 把不同的乐器放在篮子里，让婴幼儿探索和摆弄。
- 把一筐乐器放在两个坐在一起的婴儿面前。他们会一起探索和摆弄，增进彼此的关系。
- 给小组中的每个儿童准备一个乐器，他们在听到或唱自己最喜欢的歌时，可以摇晃或演奏乐器。

- 让儿童敲打玩具鼓，摇动手腕上的摇铃。
- 让学步儿拿起不同的乐器，进行一场音乐游行。
- 鼓励一个学步儿演奏乐器，其他儿童戴着围巾，跟着音乐跳舞。
- 当儿童摆弄乐器时，教师可以跟他们说一些有关的词语，比如大声、轻柔、快速、和缓、高音、低音等。交流时要用乐器的正式名称。

最重要的是，让婴幼儿感受到听音乐、唱歌和演奏乐器的快乐。

读给儿童听并一起阅读

早期读写能力是与婴幼儿未来的阅读和写作有关的一种能力。婴幼儿在生活情境中开始认识禁止标志和常见的符号，然后他们开始在纸上涂鸦。一些年龄较大的婴幼儿喜欢写自己名字中的一些字母。在这个时候，可以问问是否需要你在他们的作品上写他们的名字，从而为他们做示范。

婴幼儿会因为你给他们读书听而爱上阅读。因此，要多给他们看书的机会，让他们翻阅图书并欣赏页面上的图画。如果要为婴幼儿未来的学习和学业成功做铺垫,那么读书给他们听、和他们一起阅读是非常重要的。"出生后不久就开始与书打交道的孩子,在进入小学前通常有更好的语言能力和更大的词汇量"(AAP, 2017)。

　　一个婴儿依偎在成人的怀里,双眼正紧紧盯着布书上色彩鲜艳的页面,耳朵正感受着词语的节奏。这时页面上也有一个小宝宝,成人说:"哦,一个小宝宝。你也是一个小宝宝。快看,这个宝宝戴着一顶蓝色的帽子。"成人一边说,一边指了指帽子。

* * *

　　教师拿着一本书坐在地板上,两个学步儿依偎在她的身边。他们看着书中的画面,听教师讲故事。当翻到的页面上有一只猫时,一个学步儿大喊:"猫咪!"教师说:"是啊,你的家里也有一只猫咪,对吗?你的猫咪是怎么叫的?"两个学步儿很自豪地学起了猫叫:"喵,喵。"

在上述的两个例子中,教师都让儿童参与了阅读,儿童注意力集中,积极参与互动。在阅读绘本时,成人要不时地停下来跟婴幼儿互动。当你跟儿童分享一个故事时,要鼓励他们参与到阅读中。当你们一起谈论绘本中的图画和故事内容时,儿童会带入自己的生活经验,故事就变得更加生动有趣了。

　　跟儿童讨论故事中人物的感受,可以激发他们的阅读兴趣,培养其亲社会性。在讨论的时候,要问一些开放性问题,比如:"你为什么觉得这只小老鼠很害怕?""你觉得小鹿见到它的好朋友小乌龟时会有什么感觉?""你觉得爸爸下一步会怎么做?"在思考这些问题的时候,学步儿其实就在学习解决问题,并且用语言来解释。这样的阅读方式叫作"对话式阅读"(Folsom, 2017; Whitehurst et al., 1988),它能提高儿童的词汇量和阅读能力。

在阅读的时候，教师要把婴儿抱在大腿上。如果你坐在地上，那么年龄较大的婴幼儿可能会喜欢靠在你的腿边。每次给几个学步儿读书，要让每个学步儿都能看到书上的图片。你可以先跟他们聊聊他们看到的是什么——你一定不希望他们在看向乌龟时，听到你说"长颈鹿"这个词。在阅读的时候，要有回应性。比如，对于年龄较大的婴儿，你可以让他们指一指某些特定的图片。学步儿能够自己坐较长的时间，可以听你讲两页；而那些舒服地依偎在你身边的学步儿可能能够坐更长的时间。要吸引婴幼儿参与阅读，读的时候要抑扬顿挫，让故事的内容更加生动有趣。

要把书放在一个专门的、令人感到舒适的地方，离运动区和其他的学习区远一点，这样学步儿可以自己拿书来让你读。

如果没有足够的预算来购买图书，你可以利用杂志图片自制图书。你可以把杂志上的图片塑封或装在塑料套里，然后在页面的一边打洞、穿线，将它们做成一本书。对于婴儿，你可以跟他们讲讲图片上的人和动物在做什么。对于学步儿，你可以鼓励他们根据图片讲故事。你可以预先在图片的底部写一两个词，从而让学步儿认识字母和词汇。

你可能也想从公共图书馆中借书。但是这些书只能读给儿童听，不能任由他们用手（甚至牙齿）来探索。

婴幼儿托育机构的观察人员发现：在4—8个月大的婴儿中，仅有十三分之一的婴儿在白天有教师读书给他们听；在9—12个月大的婴儿中，仅有一半的婴儿每天有教师给他们读书（Honig & Shin, 2001）。随着人们越来越认识到早期阅读对婴幼儿的重要性，我们希望教师每天都能为他们读书，甚至一天可以读多次。

利用故事书设计个体和小组活动

在第十一章中，你已经学习了为个体和小组设计活动的方法。设计活动的另一种方法就是利用儿童的故事书（McCord, 2011）。你可以从一本或几本婴幼儿可能感兴趣的书开始，联系到婴幼儿的某个发展阶段或发展需求（比如学习如何帮助别人）。

　　查理是一个27个月大的男孩，他的妈妈周末带他去了动物园，并且告诉贾丝明老师：查理在见到小长颈鹿和小猪、小鸭的时候特别兴奋。这是查理的新兴趣点。这周，贾丝明老师在婴幼儿活动室中投放了一本关于小动物的书。她给一个坐在腿上的婴儿读了很多次这本书。在讲故事时，她会邀请学步儿坐到她身边的小沙发上，这样就是给一个非正式的小组讲故事了。她在简报中将这本特别的书推荐给了家长。她还在学习区里放置了很多真实的和虚拟的有趣物品。

根据这本书或你阅读的其他图书，设计不同形式的活动。在高瞻课程（一种早期教育课程）中，教师需要提供不同表现水平（从具体到抽象）的实物。根据查理对小动物的兴趣，贾丝明老师设计了不同水平的活动。

- 真实性经验
  - 让儿童找一找家里的或在其他地方见过的小动物。
  - 给儿童提供看小动物的机会。
- 象征性经验
  - 提供一些小动物的明信片或照片。
  - 展示儿童家里的动物的照片。可以把这些照片粘贴在硬纸板上，并用透明纸封住，这样儿童就可以随意拿取了。
  - 感官桌：在沙水桌放一些小小的、安全的、塑料或木制的小动物，让儿童探索和发现。
  - 创意体验：准备一些小动物形状的饼干模具，学步儿可以用它们来画画或玩橡皮泥。

- 小组时间或戏剧表演：鼓励儿童用身体动作模仿小动物，比如像小兔子一样双脚跳，或者像小马一样奔跑。
- 小肌肉运动/操作区：提供一些小动物的玩偶、拼图。
- 大肌肉运动区：用美纹胶在房间里贴出一条路，把一些动物标本藏在小路边。
- 非正式的小组时间：利用道具，一起唱有关小动物的歌曲。
- 阅读区和房间里的图书：阅读有关小动物的书，让儿童自己翻阅有关小动物的硬板书。

▶ 更高层次的符号理解

- 把动物的名字印在明信片或照片的边上。
- 在低矮的公告栏上展示儿童的名字、个人或家庭照，以及他们家里养的或最近见过的小动物的照片。

你可以用同样的方式，设计有关鸟、花、空间关系和亲社会行为的活动。

你需要思考儿童从一本书中能学到的概念，并且在环境中提供机会，让儿童进一步探索这些概念。举例来说，想想班里的儿童是如何理解和表达情绪的，然后制作一些表达不同情绪的图卡。在阅读区里，你可以提供一些与情绪有关的图书。你还可以找找跟表达感受有关的歌曲，并且跟学步儿一起尝试用面部表情来表达不同的情绪。另外，你可以在表演区提供一些表达不同情绪的玩偶。

在特定的主题下，你可以提供很多机会，让婴幼儿利用多种材料进行探索。他们需要真实的体验——看一看、摸一摸、闻一闻、听一听，甚至尝一尝。此外，你需要让婴幼儿在环境中理解不同水平的象征（包括图片的和文字的）。

第十二章　更多的课程理念：唱歌、音乐和阅读

在非正式小组时间激发婴幼儿的兴趣

学步儿喜欢短时间的、有趣的小组时间。我们不需要为了做入园准备，而让他们长时间地坐着。有些学步儿在入园后能够安静地跟其他同伴一起坐着听故事，有些学步儿会动来动去。有效的小组活动时间的关键因素就是确保学步儿的参与。

在小型的、非正式的小组中，儿童可以看一些印刷品以及书中的图片。你可以用一些方法把学步儿吸引过来。举个例子，你可以告诉他们：教师要在阅读区读一本书，每个人可以带一个玩偶来听。当收到这样的邀请时，大部分学步儿都会围过来。在讲故事的时候，要让儿童参与，儿童可以举起手中的玩偶、动一动，参与到讲故事中。要鼓励小组中的儿童讲故事或问问题，从而让他们更进一步地参与阅读。

在讲故事时，使用法兰绒板①有助于婴幼儿保持注意力。打个比

---

① 类似故事板。——译者注

方,在阅读艾瑞·卡尔(Eric Carle)的《棕熊,棕熊,你看到了什么?》(*Brown Bear, Brown Bear, What Do You See?*)时,每个学步儿的手上都可以拿一块法兰绒故事片。当你讲故事的时候,他们可以把自己的法兰绒故事片放在法兰绒板上。当读过棕色的熊、红色的鸟、紫色的猫和蓝色的马后,可能你就不再需要用书来讲故事了。你每次读完一个问句都要等一等,看看学步儿能不能回答出下一个动物是谁。

字母能手

由于对婴幼儿未来的学业成就感到焦虑,很多家长希望孩子在3岁前就学习字母,甚至阅读。要让儿童家长知道,孩子学习阅读和写作确实是从婴幼儿期开始的,但是要采用合适的方法。通过采用以下方法,我们将促进婴幼儿早期读写能力的发展。

> 通过充满爱的关系,培养儿童的安全感。足够的安全感能让婴幼儿更热情、更专注地学习。

> 培养儿童对书的热爱,经常读书给他们听,帮助他们养成阅读的

第十二章　更多的课程理念：唱歌、音乐和阅读

习惯。

> 当儿童指向书上的字母和单词时，要读给他们听。

> 支持儿童利用手眼协调动作，进行涂鸦、涂色和绘画。

> 通过唱歌、听音乐、听别人大声读故事，锻炼儿童的听力。

要跟儿童家长分享你培养儿童的早期读写能力的方法。如果可以的话，你最好能够将你平时经常跟儿童一起阅读的书列出来，并分享给家长。你也可以让家长推荐一些婴幼儿在家里非常喜欢读的书。

在一日活动中，你们可以经常唱歌。唱歌能间接地培养儿童的社会情感能力、言语能力、精细运动能力、粗大运动能力和认知能力。你和婴幼儿一起享受音乐的美妙时刻，就是培养其音乐兴趣的开端。

如果家长和教师对婴幼儿的读写能力给予有效的回应，那么他们的读写兴趣和能力在3岁前会有很大的进步。通过你的努力，婴幼儿的读写能力能够大大地提升，好好庆祝吧！

本章涉及的 NAEYC 早期教育项目标准和话题

标准1：关系
1.D　创设可预测的、具有持续性的、和谐的教室环境

标准2：课程
2.A　基本特征
2.E　早期读写

标准3：教学
3.A　设计丰富的学习环境
3.B　创建充满关爱的学习共同体
3.E　回应儿童的兴趣和需要
3.F　让学习对所有的儿童都有意义

第十三章

成人的积极引导及儿童面临的人际关系挑战

从事婴幼儿教育工作的教师在很多时候会用到积极的引导策略,这些策略需要对婴幼儿有同理心,并努力促进他们的发展。以下是婴幼儿托育机构中的一些常见案例。

在窗外灯光的映射下,彼得的头发看起来闪闪发光。于是,托莫(8个月)爬到彼得跟前,拉他的头发。

莉拉(18个月)兴高采烈地抓起好朋友苏姬的脖子,结果,她们一起摔倒在地上。

科尔顿把手伸到弗雷迪(20个月)那边拿自己的玩具,结果弗雷迪咬了他。

凯科(2岁)在等教师准备带他出去时摔倒在地上,大哭了起来。

在本章中,我们将用很多案例来说明如何帮助婴幼儿管理自己的强烈情绪,并友善地对待别人、帮助别人。这些理念有助于将婴幼儿培养成健康、快乐、有创造性和有动力的社会成员。儿童在生命伊始时遇见的成人,应善待他们、帮助他们,通过行为为他们树立榜样。

积极引导和利用权威有明显的差异(Kim & Kochanska, 2015)。积极引导强调教授、示范以及积极的支持行为。成人要热心地善待儿童,对他们的需求和困难保持敏感，及时给予回应。积极引导能够让婴幼儿感到安全和被爱，而不是怨恨和愤怒。

当成人利用权威来解决问题时，他们往往会用消极的态度对待儿童、批评儿童。比如，他们可能会强制儿童停下来，对着儿童大叫"你现在给我坐下来"，或毫无解释地拒绝儿童，无视他们等待的煎熬和想要而不得的痛苦。有些成人可能会威胁儿童，说不再爱他们或不要他们，直到他们愿意听成人的话。成人还可能会对儿童过度控制。比如，我们在观察中发现，一位教师让学步儿安静地坐两分钟才能吃饭。这会让不少儿童哭起来，看着眼前的饭，他们要努力控制自己不乱动。利用权威会让婴幼儿生气、反抗、伤心、不愿意合作。这样做导致的结果可能是：当成人在场的时候，儿童很顺从；当成人不在场的时候，他们就偷偷地反抗。

与其利用权威，不如使用积极引导策略。当你了解了每个婴幼儿的性格和长处后，你能够选择对每个人更有针对性的策略。随着儿童逐渐长大，他们表达情绪和需求的能力有所提高，对事情原因的理解能力更强，更能理解他人的感受，因此积极引导策略要有相应的调整。

运用积极引导策略

这一节中列出了20种积极引导策略。你可能已经用过其中的某些策略，你也可能第一次听说某些策略。你需要经常练习才能熟练地使用这些策略。这些策略都致力于让成人与儿童建立牢固的、充满关爱的关系。当遇到推、打、咬等挑战性行为时，积极引导策略聚焦于人们之间（既包括成人之间，也包括儿童同伴之间）关系的重建和恢复。对于儿童来说，长期的发展目标是获得以下几种能力。

> 乐于与成人、同伴交往，并且能发展健康的、充满关爱的人际关系。
> 建立强烈的、积极的自我意识。

第十三章　成人的积极引导及儿童面临的人际关系挑战

- 发展自我管理技能。
- 以健康的方式理解、表达情绪。
- 成为具有亲社会性的人，能够站在他人的角度，对他人的痛苦和麻烦感同身受，乐于助人。
- 具有问题解决能力，能与他人用达成一致的方式来解决冲突。

你可以回顾一下，你正使用的策略是否有助于达成这些目标。

你希望婴幼儿能以内化的方式对待自己、他人和周围的环境，不用成人帮助他们控制自己。当你作为共同监管者帮助婴幼儿时，他们会慢慢发展出自我管理技能。下面列出了10种策略，使用其中的几种策略就可以预防挑战性行为，帮助儿童学习情感管理和社交技能。

1. **了解儿童发展过程中的里程碑，对他们抱有合理的期待**。成人对婴幼儿行为控制能力的期望与其现实的发展水平是脱节的，这叫作期望差距（程度从1到3不等）。这一差距会导致成人和儿童产生挫败感和压力。

2. **与儿童建立安全的依恋关系**。安全的依恋关系会释放促进爱和学习的情感能量。对婴幼儿的需求给予敏感、友好的回应，会让他们建立安全依恋，这也是向他们示范同理心的行为。你对儿童的友善会成为他们学习亲社会行为的榜样。

3. **在情感上对儿童热情友善**。成人的热情友善能很好地满足婴幼儿的情感需求，让他们建立自我价值感。同时，成人的热情友善能预测儿童的情绪管理能力和行为（Moran，Turiano，& Gentzler，2018）。热情不止包括爱，还有对儿童福祉的真诚关心。热情友善的反面是拒绝、冷漠和缺乏爱。你是否真的喜欢婴幼儿，是否愿意跟他们在一起，其实他们是知道的。

4. **正向关注和表达**。要用鼓励的话，而不是表扬。鼓励时要用赞赏的语气，说得要具体。在表扬时，成人通常会说"好孩子""做得好""那太棒了"。对于婴幼儿来说,他们通常不太明白成人表扬的具体是什么。而鼓励则不同,鼓励会强化儿童的行为,鼓励的语言会让他们学到新的词汇和概念。当一个婴儿轻轻地拍了同伴一下时,你可以这样鼓励他:"凯特,你刚才拍利利安娜的时候真的很轻柔。你看利利安娜的脸,她在笑。看来她喜欢你这样拍她。"当你以一种积极的方式评论儿童的行为时,其实就是强化儿童的行为,帮助他们转换视角看问题。

5. 使用情感对话、情感共鸣和换位思考的策略。通过表情和动作,你可以表达对婴幼儿情绪的关心和感同身受。要切实地倾听婴幼儿,解读他们的情绪,安抚他们,同时让他们学会表达和管理困难的情绪。要帮助婴幼儿了解彼此的情绪,并且帮助他们换位思考。

6. 做婴幼儿自我管理的协同者。当儿童感到苦恼时,要成为帮助他们学会平静的"副驾驶员",拥抱、安慰他们,向他们示范如何全面地思考问题,而不是感情用事。如果一个学步儿倒在地上情绪崩溃(发脾气),你可以使用共情的方法跟他说:"我知道你现在一定很伤心(生气、沮丧)。你真的很希望这一整盒蜡笔都给你用,但是维尔也需要一些蜡笔。我来帮你把你最喜欢的颜色挑出来吧。"

7. 假设和发现良好意图。一个学步儿正用两只胳膊抱住另一个学步儿,这可能会让他俩都摔倒,你也可能正好看到他们摔倒,这个时候要假设他们的意图是好的。

8. 表达感谢和鼓励时用词要具体。注意一个婴儿会不会轻轻地触摸另一个同伴,或者一个学步儿会不会帮助其他同伴。你可以用这样的话来感谢孩子:"你帮助了萨米。你刚刚在长凳上挪了挪,好让他坐在你的旁边。萨米也很乐意,他喜欢坐在你的旁边。谢谢你的帮助。"

9. 用一致的语言经常提醒儿童,建立安全边界。你可以这样跟儿童说:"我会保护你的安全""我们要善待朋友""我们要互相帮助""我们要保护朋友""我们要照看好玩具""拍别人的时候要轻轻的""走过大厅时要轻轻的"。

10. 为婴幼儿制定可预见且灵活的常规活动。当婴幼儿特别的、具体的需求得到关注时，他们会非常有安全感。常规活动的可预见性会让他们感觉更平静、更踏实。

下面的10种策略适用于这样的情况——比如，一个婴幼儿弄伤了另一个同伴，双方起了冲突，一个孩子在发脾气，另一个孩子在做危险的事情（比如站在椅子上，或者在教室里乱跑）。

1. 富有同理心的评论。你需要先想想什么是同理心，然后可以这样说："你希望你可以……"或者"你真的很想……"。做出富有同理心的评论是最有效的策略。你可以跟正在哭的婴儿这样说："我知道你现在非常生气。我正在修你的瓶子。"要鼓励儿童互相体谅。如果一个儿童打了另一个儿童，那么你可以与他们讨论一下两个人的感受分别是怎样的。婴幼儿同理心的发展对其现在和将来与他人的交往和情感互动都非常重要。

2. 遇到冲突时使用问题解决策略。当学步儿遇到冲突和矛盾时，只要没有发生伤害，就先不要着急介入。要看看他们能不能自己想办法解决问题。但是，如果一个儿童正在伤害另一个儿童，一定要马上介入。即使你看到托马斯打了肯纳德，你也不知道打人之前发生了什么。有助于解决问题的方法是最好的。你要俯下身子，让儿童能听清你的话。要用具有发展适宜性的语言跟儿童说话。你可以这样说："我看到你们俩很沮丧。我知道你们遇到了问题。你们想怎么办？"如果儿童说不出来，你可以指出你看到的问题："你们俩都想要这辆卡车。"这就为儿童做了示范，当他们日后再遇到类似的问题时，他们能够知道如何与对方交流。然后你可以问："我们该怎么办呢？你们有什么办法？"在你第一次使用这个策略的时候，婴幼儿可能不知道这是什么意思。如果他们不知道怎么解决问题，你可以给他们提供选择："你们有两个选择。轮流玩怎么样？我来设定轮流的时间。这样我们就知道什么时候该马修玩,什么时候该跟托马斯交换了。你们也可以一起玩卡车。一个办法是轮流玩,一个办法是一起玩。"数手指可以帮助学步儿理解他们有几个选择。你可以在说出第一个选择的时候伸出一根手指,在说出第二个选择的时候伸出第二根手指。根据儿童对前两个选择的接纳程度,你还可以提供第三个选择——再拿一辆卡车。总之,你给出的解决问题的方法都应有助于婴幼儿建立积极的关系。

3. **帮助儿童学习积极的、替代性的行为**。比如,一个婴儿正在用力拉另一个婴儿的衣服,你可以说(同时进行示范):"你要轻轻地摸,就像我这样。"再比如,一个叫亚历扬德罗的学步儿从马戈那里抢了一个玩具,你可以跟亚历扬德罗说:"你看,马戈现在很伤心。"你可以教亚历扬德罗用语言跟别人商量,而不是动手抢玩具。亚历扬德罗要学习说:"我也想玩这个,可以吗?"如果一个孩子在生气的时候乱扔东西,那么你要教他一些替代性的行为,例如用语言表达、跺脚、数数、找教师帮忙,或者抱抱自己的毛绒玩具。

4. **解释原因**。要向儿童简单地解释原因,比如"站在椅子上不安全。

我想保护你的安全。来，我们跳下来"，这时要抓好儿童的手。你还可以跟儿童说"我们要穿过大厅，走到走廊的那头"，然后压低声音说"如果我们跑的话，可能会摔跤，所以我们慢慢地走过去，好吗？"。

5. **提供选择**。有选择的问题能帮助学步儿做出决策。例如，一个学步儿因户外游戏后不想回教室而发脾气，你可以说："因为我们必须要回教室，所以你感到非常伤心、非常生气，你还想在外面玩。我们来学小兔子，跳到门那里吧。里面有美味的小点心正在等我们呢。"如果这样说没用，你可以提供两种选择："我们是像小老鼠一样溜进教室，还是大步走回教室呢？"

6. **给出明确的指导和一致的信息**。使用简单的语言来指导儿童的行为。例如："吃饭的时候要坐下来。我希望你安全。"

7. **帮助儿童站在他人的角度思考问题**。如果一个学步儿在哭，你可以问问另一个学步儿："怎样做才能让基娅拉感觉好一点呢？你觉得她想玩洋娃娃，还是小汽车？"令人惊讶的是，学步儿往往能准确地知道怎样安慰另一个学步儿。

8. **使用"然后"这样的词**。如果学步儿玩完积木后不收拾，你可以这样跟他说："要先把积木收好，然后我们才能到外面玩。这块积木可以放在最上层的架子上。"

9. **与儿童交流时使用较轻的声音，并保持眼神交流**。如果儿童尖叫，要蹲下来平静地与其说话。在交流时，你可以使用积极倾听技术，跟儿童说："你真的很喜欢塞雷娜手上的娃娃。我知道你现在一定非常生气（或伤心、失望）。我刚刚看到摇篮里有个娃娃，我们去找它吧！"

10. **即时解决而非暂停延时**。如果一个学步儿打了或咬了另一个学步儿，我们只是让他暂停游戏，他能学到什么？与其暂停游戏，还不如帮儿童学会如何处理这些经常困扰他们的情绪。要教学步儿学会用语言与别人交流自己的感受。要鼓励他们说"我很沮丧"或者"我感到很生气"。要让儿童知道，如果想要独处，可以去专设的舒适区里一个人待一会儿。要鼓励儿童在沮丧、生气或伤心的时候向教师求助。要让儿童知道在这个时候你会帮助他们。在下文中，我们将讨论针对儿童的咬人、打人、踢人行为的策略。如果你试过了这些策略，但有的儿童还是咬人，那么你就有必要采用即时解决策略，教儿童学习用别的行为代替咬人。要多跟儿童在一起，这样你就可以通过鼓励性的反馈和清晰的指导，支持儿童发展积极的社会行为。

在儿童开展活动的房间里找个显眼的位置来张贴海报。在海报上列出你已经使用过的预防和引导策略。当你了解到新的、有效的引导策略时，你可以将其添加到海报上。当你回顾这些策略的时候，想一想这些策略的有效性：

> 能否让婴幼儿建立自我价值感和自我约束能力；
> 能否帮助儿童换位思考；
> 能否帮助儿童建立愉快、健康的关系。

理解情感和行为上的挑战

婴幼儿经常会感受到挑战。婴儿会觉得肚子疼，他很饿，想吃东西。年龄较大的学步儿想摘掉自己的围嘴。一个学步儿正拿着一个华丽的玩具挥来挥去，另一个学步儿也很想要。同样的玩具在别人的手里比在地上放着看起来更好玩。一个学步儿不开心了，他皱起的眉头表明他现在感到害怕。另一个学步儿在教室里不停地奔跑，因为对他来说把注意力集中在一件事上超过一分钟很难。

有两种行为通常会对儿童自身和教师造成困扰，它们分别是退缩行为和攻击行为。有退缩行为的儿童看起来很不开心，他们焦虑、害怕，大部分时间都很孤僻。有攻击行为的儿童脾气暴躁，他们经常用身体动作来伤害其他同伴。婴幼儿时期的这两类挑战会影响儿童的社会交往和学业成就。

退缩和害怕的儿童

有些儿童比较矜持、害羞和退缩，这在一定程度上是性格使然。有些儿童会对积极的和消极的经历做出同样强烈的反应。一些创伤性的经历或严苛的家庭照护方式可能会导致儿童回避与他人交往，不愿尝试新活动。

温柔的鼓励能够帮助那些犹豫不决的儿童尝试不熟悉的活动（Kiel, Premo, & Buss, 2016）。一个学步儿想尝试低矮的、安全的滑梯，但是有点紧张。这时你要陪着他，拉着他的手，让他勇敢地走上台阶，然后坐下来并滑下去。对于这个学步儿来说，让他独自走上去并滑下来，就像是让我们从陡峭的科罗拉多大峡谷滑下去一样紧张。如果把一件任务分解成若干个小步骤，然后一个个地达成，那么儿童会更有成就感。研究发现，不能强迫或过度保护这样的儿童。你的耐心才是最有用的，所以一定要提醒自己耐心地对待儿童。

此外，一些退缩的儿童可能对社交感到恐惧。他们看起来很焦虑，会避开别的儿童。跟同伴发生的任何不快都会让他们高度紧张。我们要尽最大努力让这些儿童感到跟其他儿童在一起是安全的。要多提供机会，让这些害怕参加活动的儿童得到锻炼，比如跟教师、关心他们的同伴一起玩水或捏橡皮泥。

咬人、打人、踢人的外向攻击型儿童

当一个儿童伤害另一个儿童时，我们经常会很不安。我们的工作是安全地照护儿童。我们会担心儿童伤害他人或是自己受伤。我们希望不要有伤害他人的行为！

先问问题并观察

要将这些儿童视作群体的一部分,这些群体包括家庭、社区中心或家庭托儿所。儿童家长可能会提供一些信息,比如他们觉得孩子为什么会打人、咬人、捏人或踢人。儿童的家里有新生儿吗?父母分居或离婚了吗?有家庭成员经常不在家吗?多次搬家也会让婴幼儿感到不安。

学步儿现在已经发展到想要自主权、自己做决定的阶段了吗?这时候的孩子喜欢双手叉腰、对着成人大声说"不",这样的事情经常发生,孩子也很乐于这样做,但是这会破坏家庭和小组的活力。学步儿正在努力控制自己的肌肉协调能力,并且努力让自己的愿望符合成人世界的条件和规则。同时,他们努力地想证明自己是有独立意志的个体,但是有时他们只想做个小孩子,让你抱抱他们。

有时候,学步儿想按自己的意愿做决定,但是由于安全和现实条件等无法满足他们,他们可能会很生气、很沮丧。想一想在哪些比较安全的情况下,你可以把控制权交给孩子。比如:让他们在橡皮泥上任意敲打;让他们决定是喝牛奶、喝果汁,还是喝饮料;让他们决定读哪本书。学步儿需要在与他人的联系中体验自主权。"自主和联结是儿童成为独立自我的能力,也是他们建构满意的人际关系的能力"(Bekker et al., 2018, p. 746)。学步儿不想感到孤独。他们需要成人理解他们对自主权的需求,并帮助他们在充满爱的关系中感受到安全感。

如果因为家庭的问题,婴幼儿在家里没有得到悉心的照顾,他们可能很难学会关心别人(Rhee et al., 2013)。这些儿童需要你的悉心照顾,才能开始关心别人。这些家庭可能需要社区机构的帮助,以减轻压力,并减少对孩子的惩罚。

如果一个学步儿在以前的学校或托育机构中没有得到很好的关爱和照顾,那么他可能不相信成人,有很强的自我保护意识。你对他要有耐心,给他充满鼓励和爱的关注。

保持镇静

很多成人发现,攻击行为比害怕、退缩等行为更具挑战性。因为害怕和退缩行为会唤起成人的保护欲,而发脾气、攻击人则可能引发更多的愤怒。如果连家长和教师都变得消极了,那么这种消极的循环会不断持续(Ryan & Ollendick, 2018)。如果成人变得伤人、恐吓人、愤怒和沮丧,他们就在向儿童示范糟糕的自我管理能力。如果成人用自己的愤怒和沮丧情绪来回应学步儿的愤怒、沮丧等消极情绪,那么学步儿到3岁时更有可能在应对情绪问题时遇到困难(Engle & McElwain, 2011)。成人要不断地向儿童示范如何自我管理、如何调节自己的消极情绪。当看到一个学步儿咬了另一个学步儿时,要保持镇静确实很难。但是,对于成人来说,以沉着、严肃的声调向儿童传递明确的信息很重要,那就是要对别人友善。

对咬人的回应

如果一个儿童咬了另一个儿童,那么一位教师需要照顾被咬的儿童,另一位教师需要坚定地告诉咬人的儿童:"你咬了查理。查理疼得都哭了。"然后教师需要教咬人的孩子一些代替咬人的方法:"当你很生气(或者很沮丧,想要查理手上的玩具)时,你可以跺脚(或者像我这样深呼吸),然后来找我(问问查理能不能玩)。我会帮助你。我们先来练习一下跺脚(还有深呼吸、询问等)。"要想出一个适合当前情况的替代方法。等事后儿童平静一点,你要跟他练习使用这个替代方法:"现在,我们做点什么能让查理感觉好一点呢?"还有很多方法可以处理学步儿咬人的问题,你可以参考威特莫和克劳森(Wittmer & Clauson, 2018)的相关著作。

要防止咬伤和其他伤害行为，可以利用前文中介绍的20种策略。你也可以在儿童的衣服上挂一个没有安全风险的磨牙玩具，鼓励儿童经常咬一咬。

给儿童贴上"爱咬人"的标签是不好的，这样做等于把咬人看作儿童的性格特点。实际上，他只是一个"咬了一个儿童"的儿童。想办法赞美这些儿童，并给予积极的评价很重要。我们认识的一位教师会在门口跟一个经常打人的儿童打招呼，单独给他讲亲社会故事，在这个儿童需要时给他拥抱，一整天都跟这个儿童待在一起，特别强调他能做到的事情，教他使用手势或句子表达自己的需求，并尽可能地满足他的情感需求。在一个儿童的身上集中使用这些方法确实不容易。但令人可喜的是，几周后，教师发现这个儿童有了安全感，学会了新的社交方法，也不再需要教师的持续关注。

在处理咬人的事件时，要遵循你所在机构中的规则。学步儿的家庭也需要知道这些规则，以及机构中有预防咬人事件的策略。如果发生咬伤皮肤的情况，机构手册中还要包括一项规定——打电话给家长，这样他们能够及时带孩子就医。

当一个儿童感受到挑战时

所有的婴幼儿都有在情绪、社交上感受到挑战的时候。这些发展性挑战可以用前文中的20种策略来应对。但是，当一个儿童的行为影响了他与别人的关系（包括他与成人的关系或与其他儿童的关系）时，我们就需要更深入地进行观察。要协同家长和其他教师的力量，找出儿童行为的目的。要观察儿童在什么时候、和谁、在哪里会打人，这些观察可以帮助我们了解他们打人的原因。观察会让我们明晰儿童打人是否出于某些原因，比如：

▷ 这个儿童病了或者饿了。

- 每次都是这一两个儿童发生冲突。
- 这个儿童觉得太拥挤了。
- 儿童觉得紧张、生气或焦虑。

还有很多原因会导致两三岁儿童出现挑战性行为。要观察他们的能力水平、注意力集中的程度，以及发展上的问题，尤其要观察他们的听力和语言能力。除了打人，儿童是否用语言表达自己？我们要先考虑儿童的健康问题，然后考虑儿童对回应和敏感照护的需求。比如：他需要更积极的亲子互动吗？他现在有安全感吗？他是否至少对机构中的一个成人有安全的依恋？

对儿童特定行为的原因进行观察和合理推测后，我们就需要跟儿童家长会谈，并利用积极的引导策略来制订干预计划。在跟家长会谈的时候，要使用解决问题的方法。

使用解决问题法并与家长联手

解决问题法在你跟家长和同事交谈时是很有效的。然而，这种方法需要花时间观察并讨论。例如，一个叫玛丽亚的学步儿在打人的时候出手很快，我们可以跟其他教师和家长一起进行头脑风暴，试试以下步骤。

- 明确地陈述问题。不要使用笼统的术语或者给儿童贴标签，比如"玛丽亚有攻击性"，而是要描述行为，比如"当别的孩子靠近玛丽亚时，玛丽亚会打他们"。
- 找出玛丽亚打人背后的原因。行为本身有它的意义，它能够满足玛丽亚某个方面的需求。既然已经开始了对玛丽亚的观察，你一定也想跟玛丽亚的家长沟通观察结果。你可以和儿童的家长一起分析儿童有挑战性的原因。问问家长，玛丽亚在生活中是否有什么改变可能导致她现在的行为。如果你或家长都担心儿童有医疗健康方面的问题,要让家长进一步跟进。

- 跟家长一起头脑风暴,讨论家长和教师可以尝试的一些解决方法。家长和教师可以一起讨论出一个或数个解决方法,支持儿童获得安全感,习得积极的行为。
- 尝试解决方法。你需要跟团队成员和儿童的家长强调,有些策略可能会一直不见效。如果发生这种情况,要评估这些策略没有发挥作用的原因,并尝试另一种方法。

如果家长体罚孩子

2019年2月,美国心理学会(American Psychological Association, APA)发布了一项决议,呼吁成人利用替代性行为取代对儿童的体罚。美国心理学会表明:"在对与体罚相关的不良结果的研究中发现,体罚带来的长期伤害远远多于短期的好处……确切地说,在控制了种族、性别和家庭社会经济地位等因素的情况下,体罚可以预测儿童问题行为的增加。"美国心理学会的决议建议成人使用更积极的方法教孩子如何成为社会中的有用成员。

机构手册中要包含引导的建议和规则,当儿童入托时,家长要知道这些建议和规则。规则中要阐明:即使"出于安全考虑,适当使用约束设备是允许的,但机构中的工作人员绝不使用'体罚、心理虐待和胁迫'的方式教导孩子"(NAEYC, 2018, p. 17)。

尽管体罚带来的明显是令人不安的后果,但是很多家庭还是习惯性地将体罚作为教育孩子的主要方法。教师需要仔细考虑,以一种建设性的方式与家长讨论引导婴幼儿的积极方法(Honig, 2020)。有些家长可能还没有意识到学步儿的矛盾和冲突感受。学步儿希望有更多的力量来自己做事情。但是，他们仍然需要成人的帮助和爱抚。他们很想展示自己已经"长大"，但是又经常会遭遇困难和沮丧，比如，难以学会如厕、有含混不清的发音、饭吃得又脏又乱、饮料洒得到处都是。

跟家长交流学步儿的发展情况，可以唤起家长对孩子当前发展阶段的重视，从而给予孩子更多的耐心。你可以跟家长分享你知道的让学步儿轻松遵守规则的温和策略。要跟家长探讨使用这些策略的可能性。在跟家长交流时，一定要问问他们是如何逗孩子笑的。如果家长能给出一些积极互动的有效建议，那么它们将对你很有帮助。

如果婴幼儿感受到严重的挑战，立刻帮助他们

很多婴幼儿都经历过社会和情感上的挑战，这些挑战让他们很难感受到亲子关系和同伴关系中的温暖和友爱。婴幼儿会用身体动作和语言告诉你，他们现在感觉好不好。如果看到儿童有下文中类似的行为，那么你的机构和儿童的家庭可能需要社区机构（比如特殊儿童早期干预机构、婴儿心理健康教育机构）的帮助。

- 6个月：不会笑，脸上通常没有生气、兴奋等表情。
- 9个月：当其他儿童靠近时会发脾气。
- 12个月：回避跟成人和同伴的交往。
- 18个月：经常咬或打其他儿童，即使教师尝试了很多教授其积极行为的方法，也无济于事。
- 24个月：似乎很害怕成人。
- 30个月：看到陌生人进入房间，会非常紧张。

如果儿童及其家庭没有及时得到早期干预的支持，那么早期的社会、情感和行为问题将会导致儿童后续的发展问题。在儿童年龄尚小的

时候给予其额外的支持是非常关键的。教师和家长不能等到儿童在幼儿园阶段问题很明显时再开始干预。

遭受虐待或其他创伤的儿童

遭受虐待的影响对婴幼儿来说尤为明显，比如虐待性的头部外伤，以及婴儿摇晃综合征和其他类型的头部创伤（AAP, 2009）。婴幼儿教师是法定的举报者。请查看你所在州的儿童福利办公室网站，了解更多关于虐待迹象和举报的信息。在你的机构手册中添加关于虐待性头部创伤的条例，要求教师向官方举报可疑的儿童虐待事件。

近些年来，我们更多地了解到虐待和创伤对儿童的长期负面影响，这些影响甚至会持续到儿童的成年阶段（Raby et al., 2018）。

虐待和创伤经历会影响儿童的：

- 幸福感、成就感和自我价值感；
- 对成人的信任；
- 大脑发展；
- 社会情感能力；
- 学业能力（Raby et al., 2018）。

虐待和创伤经历会影响儿童的身体健康（Child Welfare Information Gateway, 2019）。婴幼儿可能会运动发育迟缓，更容易生病和肥胖（Petersen, Joseph, & Feit, 2014）。跟没有遭受虐待的人相比，在童年期遭受过虐待的成人有更多的健康问题（Afifi et al., 2016）。

遭到忽视和虐待的婴幼儿需要你充满耐心和温柔的互动。有些儿童可能会黏着你，有些儿童可能会避开你。有了持续的情感关怀和回应，遭受虐待的儿童会对你逐渐产生信任。在儿童漫长的疗愈过程中，一定不要忘记给予自己正向认知。

一些婴幼儿经历过创伤性事件，比如飓风、洪水、无家可归、受威胁或被伤害，这些会让他们恐惧不安。婴儿需要你敏感地回应，学步儿需要你识别他们的压力和困惑。伊丽（Yeary, 2018）提到了一个冷静地回应的案例，当时因为有龙卷风预警，所以教师要把学步儿带到安全的地下室。

> 以理解和共情的态度回应儿童的问题："现在有点不一样，我们要去地下室，因为天气预报说有很大的风，所以我们要到一个安全的地方""我们会待在这里，直到大风过去，这里很好、很安全""我知道这里真的很黑，暴风把灯都吹灭了。但是我们在一起很安全。如果你愿意，我可以给你一个大大的拥抱"（p. 85）。

如果你不知道如何处理创伤性事件（比如暴风雨），可以试着从儿童的角度考虑，让他们感到安全和舒适。你也可以跟其他教师以及心理健康专家一起讨论可能的灾难事件，一起制订应对计划，以应对儿童在托育机构中遭遇灾难的情况。

积极引导与利用权威不同。在情感上遇到挑战的儿童，在社交上可能会退缩、害怕，或者表现出外显行为（比如伤害别人）。要跟你的团队成员和儿童的家长一起，利用问题解决法来确定解决方案，这对儿童个体是有效的。对于经历虐待和创伤的儿童来说，他们需要的是保护并让他们感到安全，以及建立积极和健康关系的策略。

本章涉及的
NAEYC 早期教育
项目标准和话题

标准 1：关系
1.D　创设可预测的、具有持续性的、和谐的教室环境
1.E　解决挑战性行为
1.F　促进自律

标准 3：教学
3.A　设计丰富的学习环境
3.B　创建充满关爱的学习共同体
3.C　监管儿童
3.D　通过时间、小组和常规来达成学习目标

标准 8：社区关系
8.A　和社区建立联结
8.B　评估社区资源

第四部分

你作为专业人士

在本书的最后一部分,我们将讨论在以关系为基础的领域中,以关系为基础的专业人士意味着什么。将保护、热爱以及与婴幼儿的学习联结作为这项事业的必要部分,是兼具挑战和喜悦的。婴幼儿教师需要把爱和学习整合到工作实践中,因为这是婴幼儿茁壮成长所需要的东西。

第十四章

以关系为基础的专业

婴幼儿教师和照护者都是至关重要的专业人士。全美幼教协会（NAEYC, 2009）已经明确了婴幼儿教师所必需的知识和行动。婴幼儿教师：

- 被视为早期教育领域中的专业人士；
- 有一套在道德实践中遵循的行为准则；
- 具备广泛的知识基础，知道婴幼儿的学习与爱是紧密相连的；
- 持续进行学习，并提升自身的实践；
- 倡导提升专业质量并投身其中；
- 持续进行自我反思，并反思自身和群体的偏见，尊重婴幼儿的文化、年龄和性别差异。

照护婴幼儿是最具有挑战性的工作。它需要身体和情感上的大量投入。作为专业人士，你需要关于儿童发展心理学和课程规划的丰富知识。

尽管婴幼儿教师需要面临很多挑战，但他们也会体验到跟婴幼儿在一起的愉悦。以下引言能够表明婴幼儿教师坚守这个行业的原因。

- "我最快乐的事情是看到婴幼儿发展和成长，我所在的机构会提供持续性照护，所以我们可以一直带着一个班的婴儿，等他们长大，然后一起转移到学步儿教室。"
- "我最大的快乐是看到他们在任何事情上取得成功。我见过他们一开始挣扎受挫，但最终不需要帮助就能自主站立的奇迹。"
- "看到孩子们富有同情心和同理心，我感到非常欣慰。比如，1.5岁的托马斯蹲下来，轻轻地拍那只在沙箱里穿行的小甲壳虫，2岁的莱斯莉看到她的同伴因戴不上消防帽而感到沮丧时，会热切地提供帮助。"

专业赋能

婴幼儿教师的专业化发展是提升早期教育质量的一部分。专业赋能是针对早期教育机构的全国性合作事宜，资助基金会聚焦于"推动和支持平等、多样化和有效的早期教育"（NAEYC, 2019）。专业赋能关注教师的职业发展路径、知识系统、教育培训方案标准，以及职业薪酬等。

帮助别人理解你的工作的重要性

你身边的人可能并不了解你的工作的重要性，你可能听过一些评论：

> 茜茜是婴幼儿教师，随着婴儿长大，她会和婴儿一起转移到学步儿教室。茜茜的妹妹问她："你的工作有什么难的？不就是给孩子换换尿布，喂他们吃东西吗？"

茜茜可以怎么回应？下面有些建议：

- 讲一讲婴幼儿的大脑在生命前三年比其他任何时候都以更快的速度发育，他们需要通过回应性互动来学习。例如，说说婴幼儿的语言发展和为他们阅读图书的重要性。
- 解释婴幼儿的积极情绪和社交发展能够为其日后在幼儿园和小学阶段的社交和学业成功奠定基础。婴幼儿需要获得社交和情绪的蓬勃发展。

> 说一说基于关系的回应性照护对婴幼儿建立安全感的重要性。

当你把这些引领你的教学方法的哲学基础和研究解释清楚的时候,你就可以帮助家长、社区成员以及其他人更好地了解你的工作价值,并鼓励他们与你为伍。

婴幼儿教师的专业素养和标准

根据下列资源,反思你的专业知识和技能。

全美幼教协会已经提出了认证早期教育机构的十项标准。家长和社区机构可以将全美幼教协会的认证视为高质量机构的标志。《全美幼教协会早期教育机构认证标准和评估指标》(*NAEYC Early Learning Program Accreditation Standards and Assessment Items*, 2018)解释了标准中的细节,包含了很多全美幼教协会的资源,能够帮助你理解认证的过程。

全美幼教协会关于"早期教育者的专业标准和能力"的立场声明,总结了早期教育者(照看0—8岁儿童)应该知道和能做的事情。

美国0—3岁婴幼儿教育协会提出的"婴幼儿教育者的核心素养",描述了婴幼儿教师需要具备的核心知识和技能。

《关照我们的孩子:国家健康与安全标准》(第四版)(*Caring for Our Children: National Health and Safety Performance Standards*, 4th edition),描述了关于健康、营养和食物供给服务、传染病、健康发展项目活动等的内容。这本书由美国儿科学会、美国公共卫生协会出版社、美国儿童保育和早期教育健康与安全资源中心联合出版。

你所在的专业领域中已经明确了教育者的能力、健康安全标准,以及早期教育机构的认证过程。这些内容有助于婴幼儿教师掌握专业的知识和技能。上述资源会支持你成为一名专业人士。

当教师把自己的工作视为一项长期的事业,积极地获得教育经验,并成为专业组织(如全美幼教协会)的成员时,他们会创造出质量更高的教学方案。这些因素能够影响到教师和儿童的互动(Thomason & LaParo, 2013)。高质量的师幼互动会影响儿童的发展(诸如语言和认知发展)(Côté et al., 2013)。

挑战和满足

婴幼儿需要最好的照护和学习的机会。我们都知道早期阶段对儿童的大脑发育非常关键。早期教育环境中的经验能够为婴幼儿的福祉和学业成就等奠定坚实的基础。然而,提供以关系为基础的回应性照护是一个挑战。

有很多挑战来自对婴幼儿教师的认可和薪酬。各州和联邦政策都承认以关系为基础的教育的重要性。目前确实有改善政策和资金支持的持续需求,这样机构可以提供恰当的师幼比,降低一个班级中的儿童数量。教师可能需要考虑机构中的结构化调整,以更好地支持主要照护者的工作和照护的连续性。教师需要良好且持续的教育机会,来理解关怀性关系以及以关系为基础的实践对婴幼儿的重要性。当面对儿童、家长以及其他同事开展工作时,你需要高强度的情绪投入,这也是一种挑战。婴幼儿需要从教师那里获得温情的、坚定的关注,才能得到滋养和发展。

当然,照护婴幼儿也能令人感到满足。很多教师告诉我们:

- 当一个婴儿向他们投以信任的目光时,他们的心都化了。
- 当婴儿发现一个新东西,然后跟教师分享时,教师喜欢看到婴儿眼睛里闪烁的光芒。

- 他们很享受看到一个学步儿在早上入托时兴奋地跑进教室,直接去拿自己最喜爱的玩具。
- 他们欣赏一个学步儿探索丝绸布料的过程,他拿着布料摇晃、揉搓、扔出去,认真听和观看自己创造出的变化。
- 看到一个学步儿专注地用积木搭建高塔,思考空间和平衡的动态关系,真是太奇妙了。

- 领悟到一个学步儿去安慰另一个学步儿,是多么有意义的事情。
- 当一个学步儿看到陌生人,快速跑到教师身边,跳起来让教师抱时,教师能够意识到自己对孩子来说多么重要。
- 当知道由于自己提供专门且持续的帮助,以及机构中有回应性照护理念,儿童到3岁时会拥有良好的自我价值感,并且会带着它们继续成长时,教师感到非常开心。

在道德实践中的职业承诺

面向婴幼儿及其家庭开展工作是非常重要的，有一套道德行为准则可以帮助你履行对工作的承诺。

针对婴幼儿教师的《道德行为准则和承诺声明》(*Code of Ethical Conduct and Statement of Commitment*，NAEYC，2016)，描述了这个领域的核心价值观。对于要面对儿童和家庭做出复杂决定的教师，这个文件能够提供专业的指导。例如，你知道在下面的情景中该怎么做吗？

> 齐克（3个月大）刚刚开始接受托育服务。他的老师黑莉一直尽力去回应家长的需要。齐克的父母刚刚离婚，爸爸是他的主要监护人，并且通常是爸爸来接送他。有一天，齐克的妈妈来到机构里，要求查看教师写的有关齐克的需求和发展的记录。黑莉应该给齐克的妈妈提供这些信息吗？你会怎么做？

全美幼教协会的《道德行为准则和承诺声明》，可以帮助你做出明智的决策——一个符合道德的决策。在上述案例中，"不做有害于儿童的事情"这个原则似乎跟"不能拒绝家长进入教室"这个原则相冲突。然而有一个例外。家长应该被允许进入教室，除非法庭强制禁止某位家长进入教室。黑莉需要在给齐克的妈妈提供这些信息前，跟主任报备一下。全美幼教协会提供了很多道德两难的例子（Feeney & Freeman, 2018）。它们可以为员工会议提供重要的讨论话题。

你和你的幸福感

有哪些工作会涉及爱、关怀和亲密关系，并将它们视为工作中的组成部分（Page，2018b）？早期教育领域需要教师与婴幼儿及其家庭发展回应性关系（Honig，2002；Lally & Mangione，2017；Recchia，Shin，& Snaider，2018；Rouse & Hadley，2018；Wittmer & Petersen，2018）。我们可以强调积极的、充满关怀的关系和回应性照护（专业的爱）对婴幼儿有多么重要（Page，2018a）。

你必须满足儿童的情绪需求，你也需要认真地考虑自己的幸福感。

如果你很难安抚一个发脾气的婴幼儿，那么你可以先自己花几秒钟深呼吸。你可以用鼻子吸气5秒，屏住呼吸4秒，然后用8秒让气从嘴部呼出，同时收缩腹部。这个策略可以帮助你平静下来，这样你可以更好地支持失控的婴幼儿。

我们希望你可以通过给自己放假来充电续航。当你拥有"关怀自身精神的日子"时，你会让自己重新聚焦，成为理想的以关系为基础的回应型教师。

在以关系为基础的回应性课程中，教学是一个甜蜜的挑战。作为专业人士，你必须呵护好自己的幸福感，这样你才能滋养婴幼儿及其家庭。你的工作将影响那些每天以有意义的方式学习和成长的婴幼儿。你可以为这些婴幼儿及其家庭带来重要的改变。

本章涉及的
NAEYC 早期教育
项目标准和话题

标准 6：员工能力、准备和支持
6.B　专业身份和辨认
6.D　职业深化发展

标准 8：社区关系
8.A　和社区建立联结
8.B　评估社区资源
8.C　成为社区和早期教育共同体的成员

标准 10：领导力和管理
10.A　领导力

附　录

基于儿童兴趣的规划	
学习区域	设备、玩具和材料
小肌肉运动／操作	
大肌肉运动／移动	
积木建构	
创造	
感官体验	
阅读和写作	
戏剧游戏	
数学和科学探索	
舒适区	
户外活动	
音乐	
特别活动（如散步、访问）	
家庭	

来源：*Day to Day the Relationship Way: Creating Responsive Programs for Infants and Toddlers*, by Donna S. Wittmer and Alice S. Honig. Copyright © 2020 by the National Association for the Education of Young Children. All rights reserved.

参考文献 *

AAP (American Academy of Pediatrics). 2009. "Abusive Head Trauma: A New Name for Shaken Baby Syndrome." April 27.

AAP (American Academy of Pediatrics). 2016a. "American Academy of Pediatrics Announces New Recommendations for Children's Media Use." October 21.

AAP (American Academy of Pediatrics). 2016b. "SIDS and Other Sleep–Related Infant Deaths: Updated 2016 Recommendations for a Safe Infant Sleeping Environment." *Pediatrics* 138 (5): e20162940.

AAP (American Academy of Pediatrics). 2017. "Reading With Children Starting in Infancy Gives Lasting Literacy Boost." *AAP News*, May 4.

Adolph, K.E., W.G. Cole, M. Komati, J.S. Garciaguirre, D. Badaly, J.M. Lingeman, G.L. Chan, & R.B. Sotsky. 2012. "How Do You Learn to Walk? Thousands of Steps and Dozens of Falls per Day." *Psychological Science* 23 (11): 1387–1394.

Afifi, T.O., H.L. MacMillan, M. Boyle, K. Cheung, T. Taillieu, S. Turner, & J. Sareen. 2016. "Child Abuse and Physical Health in Adulthood." *Health Reports* 27 (3): 10–18.

Ainsworth, M.D.S., S.M. Bell, & D.J. Stayton. 1971. "Individual Differences in the Strange Situation Behavior of One-Year-Olds." In *The Origins of Human Social Relations*, ed. H.R. Schaffer, 17–58. San Diego, CA: Academic Press.

APA (American Psychological Association). 2019. "Impact of Physical Discipline on Children May be Harmful in the Long Term, According to APA Resolution." February 18.

Badanes, L.S., J. Dmitrieva, & S.E. Watamura. 2012. "Understanding Cortisol Reactivity Across the Day at Child Care: The Potential Buffering Role of Secure Attachment to Caregivers." *Early Childhood Research Quarterly* 27 (1): 156–165.

Bakker, M., J.A. Sommerville, & G. Gredebäck. 2016. "Enhanced Neural Processing of Goal-Directed Actions After Active Training in 4-Month-Old Infants." *Journal of Cognitive Neuroscience* 28 (3): 472–482.

---

* 为了环保，也为了节省您的购书开支，本书参考文献不在此一一列出。如果您需要完整的参考文献，请通过电子邮箱1012305542@qq.com 联系下载，或者登录www.wqedu.com 下载。您在下载中遇到问题，可拨打010-65181109咨询。